キャリア教育に活きる！

センパイに
聞く

仕事ファイル

35

音楽の仕事

ライブ配信アプリディレクター
歌声合成ソフトウェア関連商品管理
フリースタイルピアニスト
音楽配信アプリ
コンテンツプロデューサー
JASRAC職員
ゲームサウンドクリエーター

小峰書店

小峰書店 編集部 編著

Contents

※この本に掲載している情報は、2022年4月現在のものです。

ライブ配信アプリ
ディレクター
Live Streaming App Director

17LIVE
柳 里沙さん
入社5年目 32歳

だれもが気軽に
自分を表現できる
ライブ配信を
盛り上げます

自分の表現したいことを、好きな時間に、好きな場所から発信できるのが、ライブ配信の魅力です。若者を中心にはば広い世代に人気のライブ配信アプリ「17LIVE」の、ライバープロデュース部門のディレクター、柳里沙さんにお話をうかがいました。

Q ライブ配信アプリディレクターとはどんな仕事ですか？

私が働く17LIVEは、スマホ向けにライブ映像を配信する「17LIVE」というライブ配信アプリを運営しています。世の中には、歌がうまい、おしゃべりがおもしろい、ものまねやゲームが得意など、自分の個性を表現したいと思っている人が少なくありません。けれども、自分で動画を撮影したり、配信したりするには、技術が必要ですし、お金や時間もかかって簡単ではありません。そんなとき「17LIVE」のアプリを使えば、だれもが気軽に世界中の人に向けてライブ映像を配信したり、ファンと交流を深めたりできるのです。

ライブ映像を配信する人を「ライバー」、視聴する人を「リスナー」といっています。「17LIVE」では、リスナーがお気に入りのライバーに「ギフト」という有料のプレゼントをアプリ上で贈ることができ、そのギフトは、ライバーの収入になります。もちろん、無料でもライブ配信を観ることはできますし、無料のギフトもあります。

私はこのアプリのディレクターとして、どうすればもっと「17LIVE」全体が盛り上がるかを考えています。例えば、音楽やゲームなどのさまざまなジャンルのライバーに向けた企画を立てるなどしています。音楽の場合、まず音楽フェスを運営する企業に働きかけ、「17LIVE」のライバーが出演できるステージと時間をもらいます。そしてライバーのなかからオーディションなどで出演者を選び、そのライブ映像を配信します。ゲームなら、人気ゲームを製作する企業と協力し、ライバーが参加するゲーム大会を企画します。

このように、すでにライバーとして活動している人が、より大きな舞台に立つきっかけをつくることは、私の仕事のひとつです。さらに、音楽フェスやゲーム大会のような大きな舞台に立つことを夢見て「17LIVE」で配信を始める新しいライバーを増やすことも大切な仕事だと思っています。

企画が実現するまでには多くの人との打ち合わせが必要になる。オンライン会議で効率よく打ち合わせができるよう、社内には防音の個室ブースが設置されている。

Q どんなところがやりがいなのですか？

ライバーのみなさんから、「17LIVEで長年の夢が叶った！」「17LIVEの企画が私の背中を押してくれた」といった言葉をかけてもらえることが、いちばんのやりがいです。ライバーの人たちは、いつか音楽で大きなステージに立ってみたい、ゲームを通して多くの人と仲良くなりたいなど、それぞれ夢や目標をもって「17LIVE」で配信しています。その夢や目標に一歩でも近づけるよう、お手伝いしていきたいです。

企画によっては、ライバーの配信を手伝うこともある。配信前の設定をチェック。

柳さんのある1日

09:30	業務開始。メールチェックなど
10:00	朝のミーティングに参加
11:00	複数の社内会議にオンラインで参加
13:00	他部署のメンバーとオンラインで交流しながらのランチ
14:00	オンラインで社外打ち合わせ
15:00	資料づくりなどの作業
16:00	配信の現場へ移動
17:00	配信現場での準備や打ち合わせ
19:00	企画配信スタート
20:00	配信終了。かたづけやあいさつなど
21:00	業務終了。帰宅

Q 仕事をする上で、大事にしていることは何ですか？

人ときちんと向き合って、相手の気持ちを理解することです。なぜなら、ライバーもリスナーも「人」で、「17LIVE」はそうした「人」が何かを表現したり、言葉で伝えあったりすることで、幸せな時間や感動を共有する場だからです。

また、私がライバーの配信を視聴するときは、「17LIVE」の社員としてではなく、ひとりのリスナーとして楽しむことを大事にしています。私自身が「おもしろい！」「もっと観たい！」「多くの人に知ってほしい！」と思う、その気持ちをもとにして、ライバーにもリスナーにも喜ばれる企画をつくりたいと考えているからです。

ライバーの配信を視聴することも、大切な仕事のひとつ。

Q なぜこの仕事を目指したのですか？

じつは大学時代は役者を目指していました。いろいろな舞台に立った経験もあります。そのときに痛感したのは、「役者として舞台に立つだけでは、きちんと生活できるほどのお金をかせぐことは難しい」ということでした。大学では情報学部でIT※の勉強していたこともあり、「ITを通じて、エンターテイナーの活躍の場を広げる手伝いがしたい」と考えるようになりました。ちょうど自分が大学生のころにスマホが世の中に広まり始めたので、生の舞台を楽しむ演劇とデジタルなITをつなげたら、新しい可能性が広がるのではないかと思ったのです。卒業研究のテーマも、「演劇を観に行きたくなるWEBサービスの開発」でした。

大学を卒業して社会人になってから、ITを使って多くの人にエンターテイメントを届けられる「ライブ配信アプリ」というサービスがあることを知りました。そのときに、これが私のやりたいことだと確信して、この世界に飛びこんだのです。

Q 今までにどんな仕事をしましたか？

大学卒業後、最初に入社したのは、エンターテイメント関連のIT企業でした。そこでも、今と同じように、ITの世界を通じて、音楽や演劇などの表現者たちが活躍する場をつくるためのお手伝いをすることがメインの業務でした。そこでは、有力なインフルエンサー（多くの人の考えや行動に影響をあたえる人）が企業の商品やサービスのアピールをする仕組みをつくったり、エンターテイメントのニュース記事を配信するWEBメディアを運営したりしていました。

今の会社に転職したのは、自分がもっとも力を入れたいと思っている「エンターテイメント界を目指す人たちのサポート」に直接たずさわることができると思ったからです。自分のつくりたい世界観にいちばん近いサービスを提供している会社だと思っています。

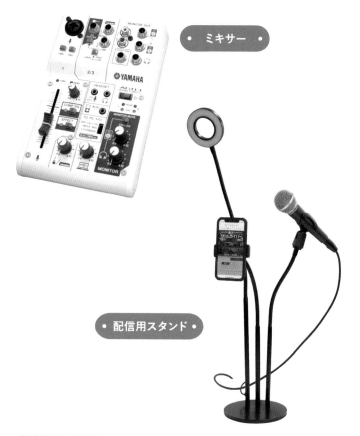

ミキサー

配信用スタンド

PICKUP ITEM

音楽の配信時に使うミキサーは、複数の楽器の音やボーカルの声をバランスよく調整するために使う。配信用スタンドは、スマホ、マイク、ライトを一度に立てられる。ミキサーもスタンドもライバーが配信のチャンスをのがすことがないよう、イベントなどの際つねに準備している。

用語　※IT⇒インターネットなどの通信とコンピューターとを使いこなす情報技術。

Q 仕事をする上で、難しいと感じる部分はどこですか?

うれしいことに、「17LIVE」を利用してくださる人は年々増え、ライブ配信の数や関わるイベントの規模もどんどん大きくなっています。ただ、「17LIVE」のサービスが成長するにつれて、過去に経験したことがないような仕事に取り組むことも増え、難しいなと感じることもあります。

しかし、大変なことや難しいことにぶつかったときも、「17LIVE」のサービスを喜び、楽しんでくださるライバーやリスナーの笑顔を思い浮かべると、やる気がみなぎってきます。これまでも難しい仕事をかたちにしてきました。そのときの達成感を思い出し、毎回がんばって取り組んでいます。

音楽フェス「SUPER SONIC 2021」の17LIVE のステージ。柳さんは企画から当日のステージまでサポートを行った。

Q ふだんの生活で気をつけていることはありますか?

時間があるときは、演劇や音楽、ダンスパフォーマンスなどを観にいくようにしています。さまざまなジャンルのエンターテイメントにふれることが私自身の原動力になっていて、ライブの企画を考えるときのヒントにもなります。

また、自分の企画やアイデアを相手に伝えるときには、感情的に突っ走るのではなく、わかりやすい言葉で論理的に話すことを心がけています。学生時代や社会人になりたてのころは、感情や思いが先行し、意図をうまく伝えられないことがよくありました。ビジネスやコミュニケーションなどの本を意識して読むことで、相手に理解してもらえる伝え方が身につき、仕事の場でも活かせるようになりました。

Q これからどんな仕事をしていきたいですか?

今よりもっと「17LIVE」のサービスや規模を大きくし、エンターテイメント界になくてはならない存在に盛り上げていきたいと思っています。より多くのライバーやリスナーが参加できる場やきっかけをつくり、エンターテイメントだけで食べていける人たちを増やしていくことが目標です。

そして、いつか「エンターテイナーたちを支える役はやり切った!」と思える日が来たら、私自身が発信する側になりたいとひそかに考えています。役者だけで生活するのが難しく、演劇をやめましたが、役者+ライバーとして生活してみたいなとも思っています。

ライブ配信アプリのディレクターになるには……

必要な資格はありませんが、企画全体を管理する仕事なので、はば広い知識や経験が必要です。配信の内容についての理解を深めるには、数多くのライブ配信にふれることが必要です。また、配信をどうやってビジネスとして広げていけるかを考えるには、大学でマスコミ学やマーケティング※学を学んでおくと役に立つでしょう。

```
高校
 ├─→ 専門学校 ─┐
 └─→ 大学 ─┐   │
        大学院  │
          ↓    ↓
ライブ配信アプリの開発会社などに就職
```

※ この本では、大学に短期大学もふくめています。

用語 ※ マーケティング⇒お客さんの求めている商品やサービスを調査し、商品づくりや販売の方法を工夫すること。

Q この仕事をするには どんな力が必要ですか?

楽しいことやわくわくすることを生み出していく発想力と、それをかたちにする実行力、自分の考えを相手に理解してもらうための論理性です。熱い思いがあっても、感情的に先走ってしまうとうまく伝えられないので、冷静に論理的に伝えることが大切です。また、ライバーやリスナー、企業の担当者など、多くの「人」と向き合う仕事なので、相手の気持ちを尊重しつつ、自分の意見や熱意を伝えられるコミュニケーション能力、「この人と仕事してみたい」と思ってもらえるような人間性も求められると思います。

そして、最初はあまり興味のなかったジャンルでも、配信を観ているうちにおもしろさや魅力に気づいて、夢中になれる、そんなはば広い好奇心や、エンターテイメントが好きだという気持ちも大切な条件ですね。

柳さんの夢ルート

小学校 ▶ 声優

友だちとつくった絵本をよく朗読していた。自分が何かを演じ、それをほめられることがうれしくて、そういう職業に就きたかった。

▼

中学校 ▶ 声優

声優になりたかったので、演じることができる演劇部に入った。

▼

高校 ▶ 役者・社長

具体的に将来のことを考え、社長をやりながら演じる仕事もしたいと思うように。

▼

大学 ▶ 役者

演劇を続けるうちに、役そのものを演じる役者になりたいという思いがさらに深まった。

Q 中学生のとき、 どんな子どもでしたか?

小学生時代、友だちと絵本をつくり、おもしろおかしく朗読する遊びをしていました。みんなから「すごい」「おもしろい」と言われるとうれしくて、いつの間にか人前で表現することや演じることが大好きになっていました。

そんな経験があったので、中学では演劇部に入部し、芝居のおもしろさに夢中になりました。3年生のときに出演した舞台は、私が自分で脚本を書き、音響などの演出にもたずさわりました。今でも印象深い、思い出の作品です。

勉強の方は、小学校から私立に通い、中学受験で中高一貫校に進学し、大学受験を目指していたので、けっこうまじめにやっていたと思います。科目のなかでは、国語が大の苦手で、数学や理科が好きでした。好きが高じて、実用数学技能検定も受けていました。数学的な知識や思考を使いながら新たなものを生み出すプログラミングなどにも興味をもち、大学はITを学べる情報学部に進学しました。

「中学、高校と同じ部活でがんばった友だちとは今でも仲良しです」(左から2人目)

演劇部では、台本や演出、音響などの役割を、部員が持ち回りで担当し、ノートに記録していた。

部員全員でつくりあげた中学3年生の文化祭の舞台。こうした経験が、今の仕事に役立っている(右)。

Q 中学のときの職場体験は、どこに行きましたか？

職場体験として、ごみの分別をする仕事を1日お手伝いしました。場所は、自分が住んでいたマンションのごみ集積所です。

ごみの清掃をしている方に、「職場体験のレポートを提出しなければいけないので、今日1日、お手伝いさせてください」と自分で交渉したんです。私ひとりでの職場体験でした。

Q 職場体験ではどんな印象をもちましたか？

自分が思っていたより、何倍も大変な仕事でした。清掃の人たちは、ごみ収集車が来るまでの時間で、住人が出したごみの分別を行うのです。ごみを運ぶために体力も使うし、収集車が来るまでの時間も気にしなくてはなりません。割れものやとがったものが入っていることもあるので、けがをしないように軍手をつけて、慎重に作業をしました。

毎日この仕事をしてくれる人たちがいるから、私たち住人はごみを気軽に、安心して捨てることができるんだ、と実感しました。この仕事を経験してからは、ごみを出すときに、いっそう分別に気を配るようになり、働いている人たちに感謝の気持ちをもつようになりました。

Q この仕事を目指すなら、今、何をすればいいですか？

今から、演劇や音楽など、いろいろなエンターテイメントにふれ、それぞれの特徴や魅力を知ってほしいと思います。また、部活に入るのもおすすめです。顧問の先生に自分たちの考えを理解してもらったり、交渉したりしながら、学年の異なる部員たちとも協力して何かを目指すというのは、部活でこそ得られる貴重な経験です。

私は中学時代、小説やマンガばかり読んでいたので、もっと多くのジャンル、例えば、問題解決能力をみがくようなビジネス系の本や資格取得のための本など、知識をたくわえるような本も読んでおけばよかったと思っています。

ライブ配信をきっかけに世界に羽ばたこうとするエンターテイナーたちをサポートしていきたい

－ 今できること －

ふだんの暮らし

ライブやコンサートをはじめ、動物園や水族館、美術館や博物館、また自治体などが主催するイベントの情報を集めてみましょう。それぞれのイベントが、どのような目的で開催されているのか、どんな人に向けた内容なのかを調べてみるとよいでしょう。気になるイベントがあれば、保護者と相談して、参加してみるとよい経験になります。会場を訪れたときは、照明や音楽などイベントを演出する要素にも関心をもち、どんな工夫をしているか、全体のようすを観察しましょう。

国語
企画を成功させるため、多くの人と何度も打ち合わせを行います。授業で行う話し合いを通じて、相手の意見を聞き、自分の考えをまとめる力をきたえましょう。

社会
流行に関心をもち、ニュースや新聞、雑誌などから情報を集める習慣を身につけましょう。新しい情報への興味・関心は、企画を考える上で役に立ちます。

数学
ディレクターには、企画に関わる物事を取りまとめて、管理する力が必要です。予算や経費などを正しく管理できるように、計算力を養いましょう。

技術
配信を行うには、ネットワークや、デジタルメディア、情報モラルなどについて学んでおくことが大切です。

歌声合成ソフトウェア関連商品管理

Singing Voice Synthesis Product Management

クリプトン・フューチャー・メディア
野口夏菜さん
入社5年目 26歳

> ミクのファンの方たちに笑顔で楽しんでもらえる商品やイベントを企画しています

自然な歌声とかわいいキャラクターで多くの人に愛されるバーチャル・シンガー※「初音ミク」。そのミクをはじめとする、歌声合成ソフト※などの開発を行うクリプトン・フューチャー・メディアで関連商品の管理の仕事をする野口さんにお話をうかがいました。

用語 ※ バーチャル・シンガー ⇒実現しない歌手のこと。バーチャルは「仮想」を表す。

Q 歌声合成ソフトウェア関連商品管理とはどんな仕事ですか？

　私は、パソコンで音楽をつくるためのソフトの開発・販売などをしているクリプトン・フューチャー・メディアという会社で働いています。代表的な商品は、「初音ミク」をはじめとするキャラクター・ボーカル・シリーズの歌声合成ソフトです。これは、パソコンを使って、まるで人が歌っているような歌声を再現できるソフトです。有名楽器メーカーが開発した音声合成技術を使用しています。

　初音ミクの歌声でたくさんの曲をつくっていただいたことで、ミクというキャラクター自体も注目されて、フィギュアなど多くのグッズがつくられるようになりました。私は、キャラクターのイメージや世界観を守りつつ、ファンに喜ばれるグッズをつくるための「ライセンス※業務」を行っています。今はミクをふくめて6人のキャラクターがいて、自分では、そのマネージャーのような立場だと思っています。

　ライセンス業務の仕事内容としては、企業から、こういう商品をつくりたいという企画がもちこまれたら、まず、ミクのキャラクター設定に合った商品かどうかを確認します。例えば、ミクは16歳という設定なので、お酒のパッケージに使うのは許可できません。次に商品化が決まったら、私がイラストレーターさんにその商品に使うイラスト作成をお願いします。イラストは新進気鋭の方とコラボレーションすることも多いですね。イラストが完成すると、フィギュアなど立体物の場合は、商品を販売する企業がサンプルをつくります。それを確認して「眉毛はもっとこういうふうに」といった修正点を伝え、「この商品なら、ファンに喜んでもらえる」と納得できるまで、サンプル制作をくりかえします。そして商品が発売されるときには、多くの人に知ってもらえるよう、SNSやブログで告知するのも私の大事な役目です。

　また、ライセンス業務以外にも、初音ミクたちのイベントを開催するときには、会場でどんなふうに見せるかイメージを決定して、装飾に使うパネルのデザイン依頼や商品の展示なども行っています。

担当している初音ミク関連のフィギュア。

Q どんなところがやりがいなのですか？

　ファンの方たちに喜んでもらえることが、何よりのやりがいです。

　たまに遊び心で、展示や商品企画内に長年のファンにしかわからないデザインをしのばせたりするのですが、そこに気づいて盛り上がってもらえると、わくわくします。私も、もともとミクのファンなので、SNS上やイベントなどでファンの方たちと交流できるのは幸せですね。

　また、商品に使うイラストを、昔から好きだったイラストレーターさんや、最近注目のイラストレーターさんなどに自分で発注できるのも、この仕事の大きな魅力です。

大学などとのコラボ企画も。この会場では、学生が制作した初音ミクの手洗い推進動画を流した。

野口さんのある1日

09:00	出社。メールや社内の連絡に返信
10:00	朝礼。グッズの監修や企画書の確認
11:00	社内ミーティング スケジュールや進捗状況の共有
12:00	ランチ
13:00	グッズの監修結果をメールで通知 修正すべき点があれば伝える
15:00	取引先と打ち合わせ
17:00	明日の予定を書き出す 日中に来ていたメールに返信
18:00	退社

用語　※ソフト⇒ソフトウェアの略。パソコンやスマートフォンで使用するもの。

用語　※ライセンス⇒著作物などの使用を許可すること。

Q 仕事をする上で、大事にしていることは何ですか？

相手の気持ちを考えて行動することです。相手とは、職場の人や商品製作を手がけてくださる企業の方、イラストレーターさん、そしてファンの方たちのことです。発売まで時間がないなかで、できる限り私たちの意見を取り入れ、何度もサンプルをつくり直してくださる企業の方々には、本当に頭が下がります。でも、商品を楽しみにしているファンの方たちのことを考えると、いい加減な仕事はできません。

また、イベント会場の展示でも、限られた時間のなかで、キャラクターのパネルをつくったり、壁面の飾りつけをしたりと、手をぬかずにギリギリまでこだわります。どんなに大変でも、ファンの方たちが笑顔で展示を見ている姿を想像すると、やる気がわいてきます。

初音ミクのイベントで、展示や運営管理などを担当する野口さん。「ミクたちの活躍をたくさんの人に見てほしいです」

Q なぜこの仕事を目指したのですか？

幼いころから動物が大好きだった私は、動物関係の仕事がしたくて、大学は動物の飼育を勉強する学科に進学しました。でも、就職活動をするうちに、自分がやりたいこととは少しちがう気がしてきて、どうしようと迷っていたのです。

そんなとき、Twitterでクリプトンが初めて新卒※を募集するということを知りました。それまでクリプトンでは新卒採用という形で社員募集を行っていなかったのですが、ちょうど私の大学卒業と同時に新卒の学生を募集することになったのです。私は中学時代から、動物と同じくらい初音ミクが大好きでしたから、「この出会いは運命にちがいない」と思い、入社を志望しました。

用 語 ※新卒 ⇒ その年に新しく学校を卒業した人。

Q 今までにどんな仕事をしましたか？

私は、会社に入る前から、ひとりのファンとして初音ミクを応援し、イベントにもときどき参加していました。そのとき、「こんなふうに展示をしたら、ミクちゃんがもっとかわいく見えるのになぁ」と思うことがありました。それで、入社してすぐに「イベントの展示をやりたい」と申し出たのです。

念願が叶って展示の担当になり、ファン目線で考えた、いろいろなアイデアをかたちにしてきました。かなり昔からミクのことを知っていて、いろいろな知識をもっていたことが、おおいに役立っていますね。展示を担当して今年で4年目になりますが、今手がけている展示では、リーダーをまかされています。

また、入社早々にイラストレーターさんと直接やりとりをする仕事もさせてもらえました。絵を描くことに夢中になっていた時期があり、パソコンの描画ソフトを使っていたので、イラスト制作についてひと通りの知識があったからです。私は子どものころから好奇心が旺盛で、興味をもったことは何でもやってみる性格なのですが、いろいろなことをやってきたことが、社会人になってとても役に立っていると実感しています。

● パソコン ●

● 「やることリスト」ノート ●

PICKUP ITEM

仕事で使っているパソコンは、入社前から好きだった、自社が展開するキャラクターのMEIKOとKAITOを背景に設定にしている。月曜日から金曜日までにやることを細かく記した「やることリスト」のノートは10冊をこえる。

Q 仕事をする上で、難しいと感じる部分はどこですか？

多くの人とひとつの企画をつくりあげていくときに、さまざまな意見をまとめあげるのは難しいです。人はそれぞれ、自分の考えをもっているからです。

例えば、イベントで会場のスペースをどのように使うかで、意見がくいちがうこともあります。そんなとき、私は「自分は思いつかなかったけれど、そんな考え方もあるのか」と、相手の考えを受けとめて、自分の考えをよりよいものにみがきあげるチャンスだととらえるようにしています。その上で、両方の意見のよいところを書き出して、それぞれの案を少しずつ採用するなど、みんなが「それならいいね」と納得できるような解決策を考えます。

Q ふだんの生活で気をつけていることはありますか？

やるべきことや気になったこと、ほかの人の意見などを、その日のうちにノートに書きこみます。手を動かさないと頭に残らないので、パソコンではなく、断然手書きメモ派です。

イベントを手がけるときも、以前のノートをふりかえれば、準備には何が必要か、最初の1か月には何をするべきかなどがひと目でわかるので、とても助かっています。

人気のアニメやドラマ、SNSのトレンドやニュース、新商品など、最新の話題はつねにチェックしています。さまざまな方向にアンテナを張り、キャッチした情報が、商品やイベントを企画するときのヒントになるからです。

Q これからどんな仕事をしていきたいですか？

私もだんだん後輩に仕事を教える立場になってきました。だから、自分が上司や先輩を頼りにしているように、私自身も後輩たちに頼ってもらえる存在になりたいと思っています。

また、これまで仕事をしてきた経験から、自分は表に立ってみんなを引っ張るよりも、細かいスケジュールの管理など、裏方業務の方が向いていると感じています。だから、これからも初音ミクをふくむ6人のキャラクターや、現場でいっしょに働く人たちのマネージャーのような立ち位置で、場をまとめたり、イベントを管理・運営したりする仕事に力を注いでいきたいと思っています。

デザインを担当する菊池さんと会場セッティングの打ち合わせ。「菊池さんとは同期なので、率直に意見が言えますね」

商品のポップ※案を考える。「手描きだとアイデアが次々と浮かぶんです」と、野口さん。

歌声合成ソフトウェア関連商品管理にたずさわるには……

キャラクターや作品を活かした商品やイベントを企画するには、作品に対する理解と、その世界観を相手に伝えるコミュニケーション能力が必要です。とくに必要な資格はありませんが、マーケティングの専門知識や、著作物に関する法律、音楽や美術に対する見方や考え方、ネットリテラシーなどを学んでおくのもよいでしょう。

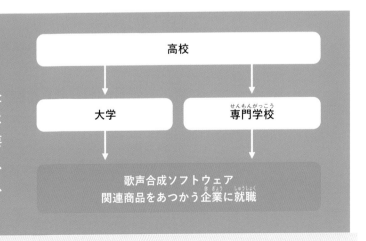

| 高校 |
| 大学 | 専門学校 |
| 歌声合成ソフトウェア関連商品をあつかう企業に就職 |

用語　※ポップ⇒店やイベントで、商品の近くに設置され、商品をアピールする広告のこと。

Q この仕事をするにはどんな力が必要ですか？

自分がたずさわるものを、ファンのひとりとして、わくわくしながら楽しむ力が必要です。ジャンルは何でもよいので、「自分はこれが好き！」と言えるものをひとつもちましょう。そうすると、グッズやイベントで盛り上がるファンの心理がよくわかるはずです。それがわかると「ファンはどう思うかな」と、受け手の気持ちを第一に考えて仕事ができるようになると思います。

展示する初音ミクのフィギュアがよりかわいく見えるようにポーズを調整。

野口さんの夢ルート

小学校 ▶ 医者

医者である祖母の働く姿にあこがれた。

▼

中学校 ▶ いろいろ

趣味が増え、役者、歌手、ペットショップ店員などいろいろな職業に興味がわいた。

▼

高校 ▶ 動物に関する仕事・声優

獣医、動物園や水族館の飼育員など、動物に関係する仕事に就きたかった一方で、声優にも興味があり、声優養成所にも通った。

▼

大学 ▶ 動物園や水族館の飼育員

動物関係の仕事に就くため、学芸員の資格がとれる大学に進学した。

Q 中学生のとき、どんな子どもでしたか？

私の地元は、多くの子どもが小学校から中学校へとそのまま進学するので、9年間ほぼ同じメンバーで過ごしました。私は小学校時代によく学級委員長をまかされていて、そのイメージのまま、中学校でも生徒会に入ることになりました。自分がリーダーに向いているかどうかは、あまり意識していませんでしたが、3年間生徒会を続けるうちに、少しずつ積極性やリーダーシップが身についていった気がします。

3年生のときには生徒会副会長となり、生徒会の仲間とともに、学校全体のイベント運営や、新聞の制作などをしていました。大きな行事の前に、おそい時間まで学校に残ってみんなで作業をしたのは、忘れられないよい思い出です。

生徒会の仲間とは今も仲がよく、一生つきあっていきたい大事な友人たちです。そのなかのひとりが、2年生のとき、初音ミクのCDを生徒会室に持ってきました。それがミクとの出会いでした。魅力的な歌声に夢中になり、動画投稿サイトでミクの音楽をたくさん聴き、絵を描いたり、イベントに参加したりしました。すべて今の仕事につながっているので、CDを持ちこんだ友人には、とても感謝しています。

歌声合成ソフトを使った音楽が大好きで、動画投稿サイトの音楽をたくさん聴いたり、友だちと歌ったりしていた。とくに初音ミクに夢中だった。

歌声合成ソフトが歌う楽曲がモチーフとなった小説。野口さんの私物コレクション。

野口さんが中学生から集めている、歌声合成ソフトが歌う楽曲のCD。

Q 中学のときの職場体験は、どこに行きましたか？

3年生のときに「3days体験」という、3日間の職場体験がありました。私は動物に興味があったので、体験先リストのなかから南半球の鳥をメインに展示している動物園を選びました。みんなの人気はファストフード店や消防署に集中していたので、第一希望の動物園ですんなり決まりました。

Q 職場体験ではどんな印象をもちましたか？

動物たちに囲まれて、とても楽しい3日間でした。飼育員の方を手伝って、鳥たちのケージを掃除したり、包丁で切った野菜を混ぜてエサをつくったりしました。鳥のなかには肉食のフクロウなどもいて、エサ用のネズミを食べている姿を見たときは、かなり衝撃を受けました。

3日間でしたが、働くことは勉強や遊びとはちがうものだと実感しました。学校ではチャイムが授業の始まりや終わりを教えてくれますが、仕事では自分で時間を管理し、やるべきことを考えて行動しなければなりません。毎日、最後に日誌を書くのですが、控え室にもどるのがおそくなり、時間が足りないこともありました。責任感をもって仕事をするには、時間を管理して動くことが必要だと気づきました。

Q この仕事を目指すなら、今、何をすればいいですか？

ドラマでもアイドルでもアニメでもゲームでも、まずはさまざまなジャンルの作品にふれてください。そして、可能なら、自分でも小説を書いたり、絵を描いたり、曲をつくったり、プログラミングをしたり、いろいろな創作活動にチャレンジしましょう。そのなかで好きなものに出合えたら、もっと情報を集めたり、仲間と共有したりするといいですよ。

私自身、中学時代に体験したことのすべてが、今、商品を開発したり、イベントを企画したりするときに活きています。人がつくったものからもらった感動を、今度は自分がだれかにあげてみたいと思う人に、ぜひ、この仕事を目指してほしいです。

自分もファンのひとりとしてより愛される初音ミクをつくりあげていきたい

－ 今できること －

ふだんの暮らし

流行している商品の情報を集めてみましょう。テレビでニュースを観たり、お店に足を運んで人気の商品を観察したりするのもよいでしょう。そして、どんなところに魅力があるか、どうして今流行しているのか、考えてみてください。

また、商品の管理は、製作に関わる多くの人と協力して進める仕事です。クラスメイトとグループを組んで制作や発表を行うときなど、みんなが納得できるかたちになるように、仲間の意見を聞くことを意識してみましょう。

国語 会社の仲間や商品製作を依頼する企業など、いっしょに仕事を進める人たちに、商品の特徴を正しく伝えられるよう、言葉や文章についての理解を深めましょう。

社会 トレンドの情報を集め、新しい企画のヒントを得ることも大切です。ニュースを見て気になったことを、本やネットで正しく調べる習慣を身につけるとよいでしょう。

数学 イベント来場者やグッズの売り上げなどのデータを分析して、次の戦略を考えます。数学をしっかり学んで、データを正しくあつかえるようにしましょう。

美術 商品のデザインに関わることもあります。美術の創作活動を通して、色やかたちの表し方を学びましょう。

フリースタイル
ピアニスト

Freestyle Pianist

フリースタイルピアニスト

けいちゃん
3年目 25歳

> かたちやルールに
> しばられない
> 自由な演奏で
> みんなを楽しませます！

動画投稿サイトのYouTubeで話題を集め、ライブ活動やオリジナル楽曲の制作、CDアルバム発売と精力的に活動。街角や駅のストリートピアノ※でも演奏し、多くの人と音楽を共有するフリースタイルピアニスト、けいちゃんにお話をうかがいました。

Q フリースタイルピアニストとはどんな仕事ですか？

私は、「自由にピアノを弾く人」という意味で、フリースタイルピアニストと名乗っています。具体的には、音楽のジャンルをこえて、どんな曲でも弾けること。そして、クラシックやジャズなど、ジャンルごとに音楽理論やコード進行などの決まり事がありますが、それらに制約されないで演奏すること。さらに、ピアノを弾くときの姿勢や指づかいなど、これまで受けた音楽教育にしばられないこと。私にとっては、この3つがフリースタイルピアニストの条件です。

今は、CDアルバムの制作や単独ライブの開催、動画の配信などの活動をしています。最近では、テレビやラジオへの出演や、ほかのアーティストへの楽曲提供のお話をいただくなど、活動のはばが広がってきています。こうした活動のきっかけになったのは、1本の動画でした。東京都庁には、ストリートピアノが置いてあります。そのピアノで演奏した動画をYouTubeに投稿してみたところ、多くの人に注目してもらい、本格的なアーティスト活動ができるようになったのです。YouTuberになろうと思っていたわけではないのですが、YouTubeはアーティストとして世の中に知ってもらうための有効な手段だと思っています。

仕事の中心は作曲や演奏をすることですが、ライブやツアーなどをするときのグッズの製作や、YouTubeに投稿する動画の編集も自分で行っています。動画の撮影は1回2時間程度で、そこから3〜4本の動画をつくります。映像を短くしてつないだり、文字情報を加えたりする編集作業には、動画1本につき6時間くらいかけています。長時間の作業ですが、楽しいので苦になりません。

テレビ出演前のヘアメイク。「テレビ出演は緊張しないんです。メイクのときもリラックスしています」

2019年9月に活動を開始し、1年7か月後にYouTubeの登録者数が100万人を突破。2020年6月にはオリジナル・デビューアルバム『殻落箱』を出した。

Q どんなところがやりがいなのですか？

自分のなかから生まれてくる音楽を、人と共有できることがいちばんのやりがいです。ライブでたくさんの拍手をもらったときは、幸せな気持ちでいっぱいになります。

YouTubeからスタートして、テレビなどのメディア出演やCDの発売、ライブなど、自分を知ってもらう機会をいただけたことはとてもありがたく思っています。そのなかで、スタッフの方たちと曲やステージをつくり上げ、自分のもつ力以上のものができたとき、そして、さらに上を目指していこうとがんばっているときにも、やりがいを感じます。

スタジオを借りて、生配信を行う。生配信では、視聴者のコメントを見たり、曲のリクエストに応えたりしながら配信する。

けいちゃんのある1日

12:00	昼食やメイク
14:00	音楽フェスに出演して演奏
17:00	演奏終了後、撮影現場へ移動
18:00	YouTube撮影
20:00	スケジュール確認など
	マネージャーと打ち合わせ
22:00	帰宅。夕食
02:30	テレビ局入り。メイクなどの準備
04:00	リハーサル、生放送出演
08:00	放送終了。帰宅

Q 仕事をする上で、大事にしていることは何ですか？

毎日、ピアノの練習や作曲をして、鍛錬を欠かさないことです。努力し続けることが大切だと思っています。

最近は、テレビでピアノを弾く機会が増えたので、リクエストされた曲をすぐに弾けるよう、流行している曲は毎日練習しています。私は絶対音感※があって、音は全部ドレミの音階に変換されて頭に入ってくるので、いちど聴けばだいたい弾くことができます。でも、うまく弾くには練習が必要なため、短くて30分、長いときは6時間ぐらい練習します。

私のピアノの土台には、ずっと勉強してきたクラシック・ピアノの知識や技術があります。なので、クラシック曲の練習も必ずやるようにしています。

知らない曲を練習するとき、スマートフォンで聴いて練習する。「作曲するときもスマホに録音します。これまでにつくった曲は全部で100曲ぐらいあります」

Q なぜこの仕事を目指したのですか？

ピアニストになるのが夢だったからです。3歳から音楽教室に通い始め、ピアノに夢中になりました。ピアノを弾くことは、私にとって食事と同じくらい当たり前のことでした。

小学校で休み時間にピアノを弾くと、みんなが集まってきて「あれ弾いて」と言われ、とてもうれしかったのを覚えています。みんなでいっしょに楽しむのが好きでしたね。それがストリートピアノにつながっている気がします。

音楽大学でずっとクラシックを練習してきて、もちろん今もクラシックは好きです。ただ、すごく集中してクラシックを弾いた後の休息時間に、何も考えず、指が動くまま弾いているのがとても楽しくて、そこから自由なピアノに目覚めました。自分にはその方向があっていると思い、卒業後、ストリートピアノ動画の投稿を始めました。ストリートピアノで自分の音楽を自由に表現し、動画でその音楽を多くの人と共有できたことで、今の活動を始めることができました。

Q 今までにどんな仕事をしましたか？

2019年に、YouTubeに自分のチャンネルを開設し、ストリートピアノを弾く動画を投稿し始めました。動画の投稿は現在も続けています。最初に、動画編集ソフトの使い方を勉強し、それから視聴者をひきつける編集の仕方やサムネイル※について研究しました。そうして動画を投稿していたら、応援してくれる人が増えていったのです。気づいたらチャンネル登録者数が100万人を突破していて、おどろいたと同時に、とてもうれしかったです。

2020年には、さいたまスーパーアリーナで初めての単独ライブを行いました。これが私のアーティストとしての本格的なスタートだと思っています。新型コロナウイルス感染症拡大の影響で、残念ながら無観客の配信ライブになってしまいましたが、曲の半分はオリジナルのものを披露しました。オリジナル曲では、歌があった方が気持ちをうまく伝えられると思い、作詞やボーカルにも挑戦したんです。

その後、たくさんの人の協力を得て、すてきなアルバム『殻落箱』をつくることができ、フリースタイルピアニストとしてメジャーデビューを果たすこともできました。

ライブをやってみて感じたのは、私の仕事は応援してくれる人がいるからこそ成り立つ、ということでした。だから今は、応援してくれる人たちにもっと喜んでもらえる演奏をしたいと強く思っています。

2020年、無観客配信で行われたけいちゃんの単独ライブ。オリジナル曲のほか、ポップスやジャズ、クラシックなど全13曲を披露した。

ライブでいっしょに演奏してくれた、バンドメンバーとけいちゃん（中央）。

用語 ※絶対音感⇒音を聴いたとき、ほかの音と比較しなくても、その音が「ド」か「レ」かなどをすぐに聴き分ける能力。

Q 仕事をする上で、難しいと感じる部分はどこですか?

インターネットの世界で活動していると、どうしても誹謗中傷をする人が出てくることですね。私は自分の成長につながる意見はしっかり受け止めますが、悪口は受け流すようにしています。この仕事は、強い意志と自信がないと続けられません。そのためにも毎日練習を積み重ねます。練習すれば、「これだけやったんだから大丈夫」と自信をもてるようになるからです。

たとえインターネットであっても、画面の向こうには実際に人間がいて、その人には心があります。それを忘れずに、私の活動などを通して、ひとりでも笑顔になってくれる人がいればいいと思いながら、日々奮闘しています。

Q ふだんの生活で気をつけていることはありますか?

新しい曲が突然思い浮かぶことがあるので、いつでも、すぐに記録できるようにしています。記録といってもメモ用紙や五線譜に書くのではなく、ピアノの前に座って演奏し、スマートフォンで録音するのが私のやり方です。

曲が生まれるのは、ほとんど家のなかで、ドライヤーで髪をかわかしているときやベッドに入ったときなど、ふとした瞬間です。「せっかく寝ようと思ったのに……」と面倒に思う気持ちも一瞬頭をよぎりますが、家でリラックスしているからこそ新しい曲ができるんだと思い直して、ピアノのある部屋に行き、忘れないうちに録音しています。

Q これからどんな仕事をしていきたいですか?

初めての単独ライブは無観客だったので、今は多くの人に実際にライブ会場に来てもらい、音楽やその場の熱気を共有できるようになることが目標です。たくさんの曲をつくって、ひとりでも多くの人と私の音楽を共有したいですね。

また、将来的には、ピアノという枠にとらわれずに自分のなかにある「音楽」を表現し、楽しみたいです。私の音楽のルーツはピアノにありますが、表現方法はピアノだけじゃなく、例えば歌や言葉やタンバリンなんかでもいいと思っています。そして、それをみなさんに末永く楽しんでもらえることが理想ですね。

• ビデオカメラ •　　• ノートパソコン •

PICKUP ITEM

YouTubeの動画撮影や、生配信のときに使うビデオカメラと三脚。編集作業はノートパソコンで行う。編集は、「ファイナルカットプロ」というソフトを使用。

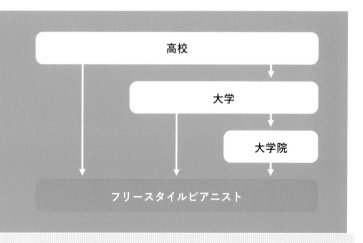

• 三脚 •

フリースタイルピアニストになるには……

決まった道のりはありませんが、音楽大学に進学すると、演奏技術や音楽に関する知識をはば広く学べます。また、演奏を評価してもらえる場に積極的に参加することも大切です。コンクールに出場してピアニストとして注目を集め、自由に表現できる場を求めることもできます。ライブハウスなどで演奏活動を行う人も多いようです。

高校 → 大学 → 大学院 → フリースタイルピアニスト

用語　※ サムネイル⇒動画投稿サイトの「動画一覧」などに表示される小さな画像。内容を伝えるタイトルやキーワードを入れることが多い。

Q この仕事をするには どんな力が必要ですか?

自分を客観視する力が必要です。もちろん自信をもって突き進むことや、いろいろなことを試してみる行動力もとても大切です。でも、例えば動画の撮影・編集などの作業をずっとひとりで続けていると、気づかないうちに目指す方向がずれていったり、視聴者が求めているものとはなれてしまったりすることがあります。それを指摘してくれる人もいないので、自分で気づいて、修正していくしかありません。

そういうとき、完成した動画を他人がつくったものだと思って客観的に観ると、「この人の動画は似たようなサムネイルばっかりだな」などと、見えてくるものがあるのです。

私は、小学生のときにピアノのレッスンを毎回録画し、家に帰るとその映像を観ながら練習していました。今思えば、それが自分を客観視する力につながっているのかもしれません。

けいちゃんの夢ルート

小学校 ▶ ピアニスト

3歳のときに始めたピアノに夢中だった。

▼

中学校 ▶ ピアニスト

コンクールに向けて練習をする毎日だった。

▼

高校 ▶ 音楽の教師

ピアニストとしてそれだけで食べていくことは相当難しいと知り、ピアノを活かせる安定した職業に就こうと考えた。

▼

大学 ▶ ピアニスト

バンドを組んでライブハウスに出演していた。そして、やっぱり自分は人前で演奏することが好きなんだと気づいた。

Q 中学生のとき、 どんな子どもでしたか?

ずっとピアニストになりたいと思っていたので、部活には入らず、個人レッスンに通い、コンクールに向けてひたすら練習をしていました。小学生のときから、ピアノの練習優先でしたが、苦ではありませんでした。練習の成果が出て、コンクールでよい成績をとると自信にもなりましたね。中学生のときは全国で1位をとってアジア大会に進み、ベートーヴェンのピアノソナタ『悲愴』を弾いて5位になりました。

勉強は、テスト前に集中的にやる感じです。ただ、授業中はできるだけ挙手して発言していました。手を挙げるのは勇気がいりますが、みんなの前で答えたことは頭によく残りました。だから、挙手して答えることで、授業内容を記憶していたように思います。

科目では数学が得意で、だれよりも速く計算できました。「みんなまだ終わってないの?」みたいな感じで、ちょっといやなやつだったかもしれませんね。英語の時間は、英語の歌を歌うときだけは楽しんでいました。父の車に乗ると、よく英語の音楽が流れていたし、小学校で英会話を少し習っていたので、英語の歌になじみがあったのです。音楽の授業は、ピアノを弾くことはもちろん、歌もリコーダーも伴奏も全部楽しかったです。音楽の試験問題も、私の大好きなクラシックから多く出題されていたので、得意でした。

中学3年生の体育祭。足が速くてリレーの選手に選ばれた。1位でアンカーにバトンを渡し、そのままクラスは優勝した。

中学生のときに夢中になった『遊戯王』のカード。今でも大切に保管している。

Q 中学のときの職場体験は、どこに行きましたか？

中学2年生のとき、コンビニエンスストアに1週間程、職場体験に行きました。いくつかある職場のなかから、何となく「コンビニがいいな」と思って選びました。

中学校のジャージを着てお店に通い、店内を清掃したり、商品を棚に並べたり、レジを担当したりといろいろな仕事を体験しました。

Q 職場体験ではどんな印象をもちましたか？

お客さんが来ると、まず店員さんが「いらっしゃいませ」と言って、その後に私もくり返すことになっていたのですが、最初は声を出すのがはずかしくて、できませんでした。だんだん慣れて言えるようになりましたが、それまでは「無言でモップをかける人」になっていましたね。

そのうち、お客さんが何を望んでいて、どう接客すれば喜んでもらえるかを考えるようになりました。あるお客さんが探していた商品を私が見つけて、とても喜んでもらったことを今でもよく覚えています。ささいなことですが、「人に喜んでもらえるって、こんなにうれしいことなんだ」と、気づきました。

Q この仕事を目指すなら、今、何をすればいいですか？

まず、ピアノの技術をみがくことです。そのためには、クラシックを中心に、ジャズやポップスなど、いろいろなジャンルの練習をたくさんするべきだと思います。

また、今はインターネットを通してだれもが世界に向けて発信し、自分を知ってもらうことができる時代なので、学生時代から動画投稿を経験しておくとチャンスが広がると思います。スポーツでも何でも、自分から発信することで将来の仕事につながる可能性があります。ただ、心ない言葉をぶつけられることもあるので、そこは気をつけてください。強い気持ちをもって、ぜひチャレンジしてほしいと思います。

自分の内側から生まれてくる音楽をたくさんの人が楽しんでくれる、それが私の理想です

－ 今できること －

ふだんの暮らし

ふだんから練習を重ねて演奏技術をみがくことはもちろん、聴く人に楽しんでもらうための方法を考えることも大切です。はば広いジャンルの音楽を聴いたり、流行している音楽やアーティストの情報を調べたりして、魅力を感じる理由を考えてみましょう。

また、映画や舞台を鑑賞したり、自然環境にふれたりして、たくさん感動することも大切です。感動したことを友だちや家族に話したり、日記に書いたりして、その経験を深め、自分の財産にしていきましょう。

 国語
物語や詩などを読んで、感受性を養いましょう。そこから感じたことを、自分なりの音楽で表現してみましょう。思いを音で表現し、伝えるための練習になります。

 音楽
音色やリズムなどの音楽をかたちづくっている要素について学び、感性を高めましょう。また、楽器の奏法を学んで、自分で工夫して演奏してみるのもよいでしょう。

 美術
クラシック音楽などを深く理解するために、作曲家が活躍した時代の美術作品を鑑賞して、当時の生活様式や風景を知ることもよいでしょう。

 英語
海外の音楽文化を学ぶことも大切です。まず身近な英語から、外国語を積極的に学ぶ習慣をつけましょう。

音楽配信アプリ
コンテンツプロデューサー
Music Distribution App Content Producer

AWA
柳田理宇さん
入社6年目 29歳

好きな音楽を聴くことはもちろん、音楽を聴きながら、人と交流することもできる。そんなサービスを提供している定額制の音楽配信アプリの会社、AWAで、コンテンツプロデューサーとして働く柳田理宇さんにお話をうかがいました。

音楽配信アプリで、利用者やアーティスト、みんなに感動をあたえたい

Q 音楽配信アプリの コンテンツプロデューサーとは どんな仕事ですか？

私が働いている AWA（アワ）は、1億曲以上の音楽を毎月定額で配信するアプリを運営しています。社内には、いろいろな音楽をアプリの利用者に、どのように届けるかを考える「コンテンツグループ」という部署があって、私はそこでコンテンツプロデューサーをつとめています。

私の仕事は、アプリに配信する曲やアーティストを選び、その取り上げ方を企画して、アーティストが所属する音楽会社などに提案することです。例えば「通勤中に聴きたい曲」というプレイリスト※をつくった場合、毎朝同じ曲ばかり聴いていたら、あきてしまいますよね。だから、そうならないよう、つねにリストの中身を更新しています。

今、力を入れているのは「ラウンジ」という機能です。これは同じ時間に同じ音楽を聴いている人たちが交流できる、オンライン上の部屋のようなものです。アプリの利用者が自分のおすすめの曲を聴かせるラウンジや、曲を作ったアーティスト自身が登場するラウンジなどがあります。ラウンジに入った人はいっしょに同じ曲を聴きながら、次に聴きたい曲をリクエストしたり、コメントを書いたりできます。

ラウンジを、アーティストが新曲を出したときなどの宣伝活動に使ってもらうこともあるんですよ。その際、レコード会社や音楽事務所に提案して、アーティスト自身に登場してもらえるよう、条件や日程を調整することも私の大切な仕事です。アーティストにとっては宣伝になりますし、ファンはいち早く新曲を聴けるだけでなく、アーティストからのメッセージを聴くこともできるのです。

また、AWAの社員が司会進行役をして曲を紹介するラウンジもあります。チームの全員がそれぞれ、だいたい週に1回、2時間ほど担当しています。

担当するラウンジに参加して、利用者が盛り上がるように、コメントを入れる。

Q どんなところが やりがいなのですか？

例えばラウンジなどの企画を考えて実際に行ったとき、自分の予想以上に利用者が楽しんでくれて、「とても楽しい時間でした」と言ってもらえたり、アーティストの方から「とてもよい企画でした」という言葉をもらったりすると、とてもやりがいを感じますね。ラウンジでは、みなさんの反応がその場でわかるので、より手応えを感じることができます。

打ち合わせなど、社内の移動も多い。つねにノートパソコンを持ち歩いている。

柳田さんのある1日

10:00	出社。1日の予定の確認や夜の間に届いたメールのチェック
10:30	前日のアプリ利用者数などのデータを確認
11:00	データから見えたことを分析
12:00	ランチ
13:00	社内打ち合わせ
15:00	音楽事務所用の企画書を作成
15:30	音楽事務所との打ち合わせ
16:30	コンテンツを運用するにあたって確認が必要なことをチェック
18:00	社内打ち合わせ
19:00	メールのやりとりなどのデスクワーク
20:00	コメントの確認など、担当ラウンジの運用
21:00	退社

用語 ※ プレイリスト ⇒好きな楽曲や動画などをまとめた一覧のこと。

Q 仕事をする上で、大事にしていることは何ですか？

まず、自分が楽しむということを大事にしています。私たちの仕事は、アプリの利用者に楽しんでもらえるサービスを提供することですが、自分がわくわくしていなければ、人にも感動をあたえることはできないと思うからです。

それから、次はどんなことをしようかと、いつも考えています。提供するサービスの中身をつねに新しくしていかないと、利用者にあきられてしまうからです。利用者にもっともっと楽しんでもらうためには、サービスの改善や新しい挑戦をおこたらず、進化し続けなければなりません。だから、私もつねに頭を働かせて、思考することを止めないようにしています。

Q なぜこの仕事を目指したのですか？

私は子どものころから、世界中の人々が楽しくなるようなものをつくりたいと考えていました。とくに、日本だけでなく世界中の人から愛されている『ポケットモンスター』（ポケモン）が大好きで、こんなふうに、だれもが楽しいと感じる作品にたずさわりたいと思い、就職活動ではポケモンに関わる仕事を志望していました。

それと同時に、インターネットでエンターテイメント関連のサービスを提供する会社にも注目していました。これからの時代に世界中の人に感動をあたえられるような仕事をするのなら、インターネットは不可欠だと考えたからです。さまざまな会社のなかで、私がひかれたのはAWAでした。圧倒的な曲数で、だれもが楽しめる音楽サービスを手がけるAWAなら、大好きなポケモンと同じように、国境をこえてたくさんの人たちを楽しませ、感動を共有できると考えて、入社しました。

アーティストにラウンジに登場してもらうために、音楽事務所に提出する企画書を作成。ここでもパソコンは必需品。

Q 今までにどんな仕事をしましたか？

AWAに入社して最初の仕事は、アプリを開発するディレクターでした。アプリを使いやすくするために画面のデザインを変えたり、新しい機能を加えたりなど社内で出されたアイデアを実際にかたちにして利用者に届けるまでを取り仕切る仕事です。私は大学院を卒業してすぐにAWAに入ったので、こういった仕事の経験はありませんでしたが、会社は、未経験の私に挑戦させてくれました。また、AWAは先輩と後輩の区別がなく、会社のためになるなら何をやってもよいという社風です。そのおかげで新入社員の私でも、まわりの優秀なエンジニア（技術者）やWEBデザイナーに助けてもらいながら仕事を進めることができました。

その後はマーケティングの仕事も担当しました。AWAのアプリには無料のプランもありますが、軸になっているのは毎月決まった金額を払ってもらう月額制のプランです。有料会員を増やしていかなければ、サービスを提供していくことはできません。そのため、他社の音楽配信サービスの仕組みを分析したり、動画などちがう業界の配信サービスについて研究したりして、有料会員を増やすためにはどうすればよいのかを考えました。そして、それを企画書にまとめ、エンジニアや、社長をはじめとする経営メンバーなど、いろいろな人たちに提案し、意見をもらいました。

それからコンテンツグループに移って、今は利用者にどうやって音楽を届けるかを日々考えています。

● ノートパソコン・スマートフォン・イヤホン

PICKUP ITEM

利用者と交流できるラウンジに参加するとき、必ず使うパソコンとスマートフォンとイヤホン。ワイヤレスのイヤホンで音を聴き、パソコンからコメントを入力する。スマートフォンはコメントが正しく表示されているかを確認するために使用。

Q 仕事をする上で、難しいと感じる部分はどこですか？

コンテンツグループの課題は、利用者を増やし、さらに再生回数や利用時間を増やしてもらうことです。そのためにいろいろなアイデアを出して実行するのですが、思うような結果や数字が出ない場合もあって、難しいと感じます。

そんなときは、だめだった理由やどうすればよくなるかを即座に判断して、すぐに次の対策をとります。そこで時間をかけていると、その間に利用者がはなれてしまう可能性があるからです。ただ、同時に、原因をじっくりとくわしく調べる作業も進めます。どちらも並行して進めることで、問題をのりこえることができるのです。

Q ふだんの生活で気をつけていることはありますか？

まず、いろいろな音楽を聴きます。それに加えて、音楽だけでなく、世の中で流行しているものをはば広くチェックしています。人々が何に興味をもっているのか、どんなことを楽しいと感じているのかを知るためです。例えば、今の時代の若者はTwitterとTikTokに敏感です。TikTokがきっかけで昔の楽曲がまたヒットして盛り上がることも多いので、注意して見ています。

また、仕事でもプライベートでも、自分と接点のある人にはつねに尊敬と感謝の気持ちを忘れないようにしています。大きなことを成しとげるには、個人の力だけではなく、チームの力が不可欠だと思っているからです。

Q これからどんな仕事をしていきたいですか？

映画やアニメ、ゲームなどの最後に流れるエンドロールには、その作品に関わった人たちの名前がずらっと出てきますよね。そこに名前がのるような仕事をしたいです。

子どものころは、映画監督やゲームプロデューサーのように、エンドロールの最後にひとりだけ大きく名前が出てくる人にあこがれていました。この人のおかげで、私はこの映画やゲームを楽しめたんだと思っていたからです。

でも今は、監督のように作品を代表する人、作品の生みの親といえるような人になることには、あまりこだわっていません。みんなに感動をあたえられるものをつくるために、アイデアを出したり、エンジニアや宣伝を担当したり、どんなポジションでもよいので、たずさわることができたらうれしいです。

また、AWAは音楽配信サービスとしてもアプリとしても、まだ日本のトップとはいえないので、今は、もっと多くの人に利用してもらって、トップを目指すことが目標です。

次の企画に向けて仲間と情報交換する柳田さん。ふだんの何気ない会話からアイデアが生まれる。

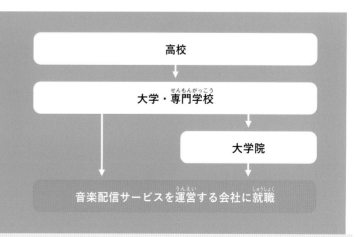

音楽配信アプリのコンテンツプロデューサーになるには……

音楽配信サービスを運営する会社には、利用者の反応を分析して販売戦略を考える部門や、システムを開発する部門など、多くの部門があります。自分が希望する分野の専門知識を学んでおくとよいでしょう。入社した後、制作に関わるさまざまな仕事で経験を積んでから、プロデューサーに任命されることが一般的です。

高校
↓
大学・専門学校
↓
大学院
↓
音楽配信サービスを運営する会社に就職

Q この仕事をするにはどんな力が必要ですか？

人を喜ばせたい、楽しませたいという気持ちが必要です。アプリの利用者、アーティスト、音楽会社の人など、みんなを笑顔にするためにはどうすればよいかを考えて、そのための努力をおしまずに動ける力が大切だと思います。

また、仕事をしていると、つらいことや苦しいこともあります。ですから、粘り強く最後までやりとげる力も必要です。困難なことをのりこえるためには、自分が何のためにその仕事をやっているのかを理解していることが重要です。「これをやりとげれば、自分が楽しい」や「だれかに喜んでもらえる」などのように、その仕事をする意味を自分できちんとわかっていれば、あきらめずにがんばれるはずです。

柳田さんの夢ルート

小学校 ▶ 俳優・映画監督

人に感動をあたえる仕事がしたかった。

▼

中学校 ▶ ゲームプロデューサー

ゲームが好きで、その感動をつくる人（エンドロールに名前がのる人）になりたかった。

▼

高校 ▶ エンターテイメント業界のプロデューサー

感動をあたえる仕事であればゲームに限らず興味をもつようになった。

▼

大学・大学院 ▶ エンターテイメント業界のプロデューサー

老若男女問わず、より多くの人に影響をあたえるようなものをつくりたいと考えるようになり、そのためにはインターネットをメインとしたサービスがよいと考えるようになった。

Q 中学生のとき、どんな子どもでしたか？

バドミントン部に所属して、スイミングスクールにも通っていました。どちらも友だちが行くからという理由だったので、あまり熱心ではなかったですね。

外でドッジボールやサッカーをやるのもおもしろかったのですが、家でゲームをしたりアニメを観たりする方が好きでした。お気に入りはポケモンで、幼なじみとよくおたがいの家で遊びました。

学校の授業は真面目に受けていましたが、家ではあまり勉強しませんでした。ただ、塾にも通っていて、塾の授業や宿題は本気で取り組んでいました。

好きな科目は数学です。答えを自分で導き出すことにおもしろさを感じていました。好きなだけあって、ほかの科目に比べると数学の点数はずっとよかったですね。

私の父はユニバーサルデザインなどを専門とした大学教授で、夏休みのような長期休暇には、美術館や芸術センターなどによく連れて行ってもらいました。父としては、いろいろな感性をみがいてほしいという思いがあったのかもしれません。今の仕事でも、そのときつちかわれた感性が活きていると感じています。

中学1年生のときに、両親に連れて行ったもらったアメリカ、カリフォルニアのディズニーランド・リゾート。「ポケモンやディズニーなど人をわくわくさせるエンタメが好きでした」

夢中になったポケットモンスターのゲーム。「今でもポケモンは大好きなんです」と、柳田さん。

Q 中学のときの職場体験は、どこに行きましたか？

3年生のときに2日間、デパートの地下にある食品売り場に行きました。受け入れてくれる職場体験先が50ぐらいあって、最終的に先生が決めたところになりました。

私が体験したのは、商品を棚に並べる品出しやレジ打ちの補助、店頭での接客、シールはりなどです。中学生にもまかせられる範囲の仕事を、ひと通りやらせてもらいました。

Q 職場体験ではどんな印象をもちましたか？

買い物に行ったときにスーパーなどの店員さんを見てはいましたが、どんな仕事をしているのかは知りませんでしたし、働くということもぼんやりとしか認識していませんでした。

職場体験で品出しの仕事をしましたが、品出しがあんなに手間のかかる作業だとは思いませんでした。自分で実際にやってみて、食品売り場の仕事が想像していた以上に大変だということを実感しました。

また、お客さんに商品の場所をたずねられたときに、きちんと答えると、感謝されたり、喜んでもらえたりしました。それがこんなにうれしいものなんだと肌で感じられたことも、よかったと思います。

Q この仕事を目指すなら、今、何をすればいいですか？

同級生と遊んだり、家族と出かけたり、趣味に打ちこんだり、いろいろな経験をしておくことです。大人になってもできますが、中学生のときにしか感じられないものがたくさんあります。それは将来きっと役に立ちますし、自分の夢につながっていくかもしれません。

それから、自分で何かひとつ目標を決めて、最後までやりとげてみてください。自分が立てた目標を何が何でも成しとげたという経験は、大人になってからもきっと力になります。情熱を絶やさず、夢や目標をもち続けていれば必ず叶うと信じて、がんばってほしいです。

国境をこえて、老若男女を楽しませるそのための努力はおしみません

－ 今できること －

ふだんの暮らし

音楽をはじめとする、さまざまなエンターテイメントにふれて、それらがどうやって自分のもとに届いたのか、どんな職業の人が関わっているのか、調べてみましょう。楽曲や動画のデータが、どのようなシステムで配信されているのかを調べてみるのもおすすめです。

また、音楽配信アプリの運営は、チームで協力して行います。クラスで文化祭の出し物をつくりあげていくときなど、仲間の意見をしっかり聞いて、「チームで動く」ということを意識してみてください。

 国語
サービスの内容を企画書にまとめて、アーティストや音楽事務所と打ち合わせを行います。正しい言葉づかいで、自分の考えを説明する力を養いましょう。

 数学
サービスの売り上げ予測を行ったりするので、数値の情報を正しく整理する力が必要です。数学の勉強で、計算力を養いましょう。

 美術
美術作品のよい部分を言葉にする力をつけ、楽曲やアーティストの魅力を伝える宣伝活動に活かしましょう。

 英語
海外の企業と協力するためにやりとりしたり、海外のアーティストの情報を集めたりする機会もあります。英会話の力や読み書きする力を養いましょう。

JASRAC職員

JASRAC Staff

日本音楽著作権協会
（JASRAC）

深田あかりさん

入社6年目 27歳

音楽の「著作権」を預かり、管理して音楽をつくる人たちの権利を守ります

ふだん何気なく聴いている音楽には、楽曲を作詞・作曲した人がもつ権利「著作権」があります。音楽をつくった人から著作権を預かり、管理するJASRACは、どのような仕事をしているのでしょうか。職員の深田あかりさんにお話をうかがいました。

用語 ※ 音楽出版社 ⇒ 作詞家や作曲家から著作権を譲り受けて管理し、楽曲のプロモーション活動をする会社。

Q JASRACの職員はどんな仕事をしていますか？

JASRAC（日本音楽著作権協会）は、音楽をつくる人と使う人をつなぐ仕事をしている組織です。音楽や小説、絵画など、つくった人の気持ちや考えを表現したものを、「著作物」と呼びます。つくった人は、自分の著作物について「著作権」という権利をもちます。「著作権」は、法律で定められている権利で、著作権をもつ権利者は著作物を利用する人に対して利用を許可して使用料を得たり、利用を禁止したりすることができます。

テレビや飲食店、商業施設など、音楽はいろいろな場所で流れていますが、権利者がそのすべての利用を自分で管理するのは大変です。そこで、権利者からJASRACに著作権を預けてもらいます。JASRACの職員は、音楽をつくる人から楽曲情報の届け出を受け、権利者に代わって使う人に許可を出し、文化庁に届け出た「使用料規程」に基づいた使用料を預かって、つくった人にお届けしています。音楽は日本中で使われるので、日本の主要都市にある窓口で音楽を使う人の対応をしています。この使用料は、音楽をつくる人たちが生活や活動を続けていくための資金になります。

私の仕事は、おもに音楽をつくる人である、作詞家や作曲家と音楽出版社※などの権利者が、私たちに新たに著作権を預けるときの契約手続きです。契約を希望する方に内容や手続きをご説明したり、オンラインで説明会を開いたりしています。

著作権は、土地や建物と同じように相続することができます。そのため、JASRACと契約している作詞家や作曲家の方が亡くなった場合、著作権はご家族など相続をした方に引きつがれます。その相続の手続きも私の仕事です。

このように、音楽をつくる人たちの著作権を守ることで、新たな音楽が生まれ続ける環境を支える仕事なのです。

契約を希望する権利者に、契約の内容について説明する深田さん。

Q どんなところがやりがいなのですか？

何よりも権利者の役に立てることですね。例えば、動画投稿サイトでの使用料の分配は、JASRACでは配信サービスの運営会社からの利用楽曲報告などに基づいて計算します。ご自身でつくった楽曲が海外など自分の知らないところで使われることで、使用料の収入が得られることを喜んでくれると、やりがいを感じます。

音楽の新しい活用法について知るのもわくわくします。遊園地でのプロジェクションマッピング※や、学習塾で学びを深めるために音楽を使う場合などの使用料は、といった問い合わせは印象的でした。改めて音楽の使われ方のはば広さや音楽の重要性が感じられましたね。

新規契約者数について上司に報告。契約のメリットをどのように伝えるか相談する。

深田さんのある1日

09:00	出社。メールのチェック、スケジュールやその日やることの確認
09:30	社内ミーティング。権利者のニーズを分析
11:00	契約書をチェック。内容が権利者の要望に沿っているかなどを確認
12:00	ランチ
13:00	相続について問い合わせにきた関係者に権利の相続方法などを説明
15:00	使用料の分配について相談を受け、過去のデータをチェック
17:00	退社

用語　※ プロジェクションマッピング ⇒プロジェクターを使用して建物などの物体に映像を重ね合わせて投影する技術のこと。

Q 仕事をする上で、大事にしていることは何ですか？

JASRACでは目に見えない「権利」をあつかっているため、音楽をつくる側の人、使う側の人、どちらと接するときにも信頼関係を大事にしています。

著作権の仕組みをくわしく知らない方には、著作権が発生する仕組みや、使うときにお金がかかる理由などを、いちから説明して理解してもらえるよう心がけています。仕組みや理由がわからないまま権利を預けたり、お金を払ってもらったりしていては、信頼関係は築けないからです。

JASRACの活動には、著作権の存在を広く知ってもらうという役割もあるので、音楽をつくる人や使う人、それぞれの事情に寄りそいながら丁寧に説明することを大事にしています。

権利者の方の要望に合った管理ができるように、著作権やJASRACの管理の仕組みを丁寧に説明する。大切な財産を預かるため、信頼関係は欠かせない。

Q なぜこの仕事を目指したのですか？

小学生のころから吹奏楽団で打楽器を担当していました。音楽はずっと続けていた一方で、高校時代に困っている人の役に立つために、将来は弁護士になりたいという思いが芽生え、大学は法学部に進学しました。

しかし、弁護士は争っている一方にしか役に立つことができないため、自分の志と一致するだろうかと悩んでいたとき、お世話になっていた教授に「音楽をやっているなら著作権を専門にしてみたら」と言われて興味をもち、本格的に著作権の勉強を始めました。

著作権について学ぶなかで、自分が好きな音楽と勉強してきた法律を活かせる道があると知りました。それで音楽業界を法律面から支える仕事に就こうと思ったのです。

Q 今までにどんな仕事をしましたか？

入社後4年間は、大阪支部で音楽を使う人向けの窓口を担当していました。音楽を使いたいと相談に来て、お金がかかると知ると、声をあらげる人や強い口調で不満を言う人もいました。私は作詞家や作曲家などから権利を預かり、お話している立場なので、ぐっとこらえ、とにかく丁寧に説明してわかってもらうことに心をくだきました。時間をかけて交渉し、音楽を使う人に理解してもらえたときには、達成感がありました。

現在は、権利者側の窓口を担当しています。作詞家の方から、自身が手がけた楽曲の管理方法について相談を受けたことがありました。JASRACと直接契約をして著作権を預けてもらえれば、送金された使用料が、いつ、どこで、だれが、どの曲を、どのように使ったものなのかわかることを説明し、最終的にJASRACと契約して、その方の相談内容も無事に解決することができました。

大小さまざまな音楽の利用について、大阪支部で音楽の使用許可を出す仕事をしていたので、きめ細かな管理内容を見た作詞家の方からおどろきと喜びの声を聞くことができたときは、感慨深かったです。

● 契約申込書と案内 ●

● 飛天の像 ●

PICKUP ITEM

権利者に渡す「著作権信託契約」申込書と内容を説明するための案内パンフレットは窓口対応のときに欠かせないアイテム。飛天の像は、JASRACからの著作物使用料の分配額が多かった楽曲の権利者に贈られる「JASRAC賞」の、金賞の方に贈呈する。この賞は深田さんが所属する部署が担当。

Q 仕事をする上で、難しいと感じる部分はどこですか？

かつては著作権の手続きが必要な音楽の使い方をするのは、レコード会社やテレビ局などに限られていましたが、今は、だれでもインターネットで音楽を使った動画などをつくって発信することができます。著作権に関わる使用が増えるその一方で、「音楽を使うときには著作権の手続きが必要」という認識は、まだまだ定着していません。そこを定着させるのがいちばん難しいです。

また、音楽の新たな使われ方も生まれているので、使われ方に応じた使用料の規定をつくることも必要です。使う人たちと話し合いながら進めていますが、難しいです。著作物の使用料は、苦労してつくった音楽への対価です。知らないままに違法に使ってしまうことがないよう、音楽を愛する人こそ、つくった人を尊重する気持ちをこめて手続きをしてほしいですね。

Q ふだんの生活で気をつけていることはありますか？

音楽はあらゆるところで流れています。街を歩いていたり、テレビを観たりしていても「どんな曲が人気かな」「新しい音楽の使われ方だな」と、音楽の流行を追いかけることが習慣になっています。

ときには音楽が聴こえない自然豊かな場所に出かけることもあります。いつもとはちがう静かな環境に身を置くことで気分転換になり、また仕事がはかどるようになるのです。

Q これからどんな仕事をしていきたいですか？

JASRACは音楽をつくる人のための団体なので、権利者が契約する利点を積極的に伝えていきたいです。JASRACのような「著作権管理団体」は世界中にあり、海外では作詞家や作曲家は管理団体と契約するのが当たり前です。

ところが日本では、JASRACや著作権などについてくわしい人は多くありません。大手のレコード会社と契約してデビューしていないとJASRACと契約ができないと勘ちがいしている人も少なくありません。

JASRACに権利を預ける契約は、例えばCMや映画での利用に関しては本人が管理し、自分では把握しきれないテレビなどでの使用はJASRACにまかせるなど、権利者が預け方を選ぶことができます。音楽活動の仕方をうかがいながら、権利者が納得できる預け方を選べるように説明します。こうした情報もまだあまり知られていないので、説明会や宣伝に力を入れています。権利者の方が楽曲制作や宣伝活動に専念できるように、さまざまな場面や方法でJASRACの存在や役割を広く知らせたいと思います。

作詞家・作曲家へのオンライン説明会。JASRACの役割や契約の内容について伝える。

JASRACの職員になるには……

学部や学科の制約はありませんが、4年制の大学や大学院を卒業していることが新卒採用の応募条件です。資格取得の必要はありませんが、権利者や利用者に説明する機会が多いため、法学部で著作権法について学んでおくと、就職してから役に立ちます。海外の著作権団体とやりとりをする機会もあるので、学生のうちに語学力をみがいておくことも大切です。

| 大学 |
| → 大学院 |
| JASRACに就職 |

Q この仕事をするには どんな力が必要ですか？

音楽に関わる人たちの事情は、それぞれちがいます。まず、相手が「何を求めているのか」を理解するために、話をよく聞く「傾聴力」が必要です。

次に、その人にとって価値がある契約を提案するために、JASRACとして「何ができるのか」を判断する「判断力」が求められます。

もうひとつ必要なのが「チャレンジ精神」です。音楽業界には新しいサービスや音楽の楽しみ方が次々と生まれてきています。今までにはなかった、初めての事例に取り組むこともよくあります。何ごともおそれることなく挑戦する姿勢があれば、音楽の最先端にたずさわるJASRACの仕事を楽しめると思います。

深田さんの夢ルート

小学校 ▶ 警察官

正義感が強く、おまわりさんにあこがれていた。

▼

中学校 ▶ 検察官

身長の条件が満たせず、警察官にはなれないことを知り、同じく正義の仕事だと考えた検察官を目指す。

▼

高校 ▶ 弁護士

広く人を救える仕事に就きたいと考えるようになり、弁護士を目指すように。

▼

大学 ▶ 音楽著作権関連の仕事

法学部で勉強するうちに音楽の著作権に関する仕事の存在を知り、この仕事なら好きで続けてきた音楽と、学んできた法律の知識が活かせると考えた。

Q 中学生のとき、 どんな子どもでしたか？

小学校では、地方にも演奏に行くほど実力ある吹奏楽団に所属し、中学も吹奏楽部に入って、音楽中心の生活でした。

チームでひとつの音楽をつくりあげる達成感を何度も感じたくて、毎日練習に明け暮れていました。打楽器は音だけでなく見せ方も重要なので、休みの日にはプロの公演を観に行き、お客さんに伝わる見せ方や技術を学ぶこともありました。とにかく音楽が楽しくて仕方なかったです。みんなで夢中になって、泣いたりけんかしたりもしましたが、とても思い出に残る経験でした。

とにかく部活中心で、毎日の勉強は宿題をするくらいでしたが、テスト前にみっちり勉強してメリハリをつけていました。国語や社会が好きで、点数もよかったです。

吹奏楽部は、「東京都中学校吹奏楽コンクール」に出場。グロッケンを演奏する中学1年の深田さん。

打楽器担当は、楽器をいくつも演奏するため、何種類ものバチを使い分ける。

Q 中学のときの職場体験は、 どこに行きましたか？

1年生の冬に3日間ほど大手通信会社へ行きました。事前に学校で社会人マナーの勉強をして臨みましたが、当日は初めての社会経験に緊張したことを覚えています。ケーブルなど設備関係の仕事の見学、営業の方の電話対応の見学、お客さまセンターの実務体験までやらせてもらったので、とても充実した時間を過ごすことができました。

Q 職場体験ではどんな印象をもちましたか？

大きなビル内に格納された交換機や、地下の膨大なケーブルなどを見せてもらい、人と人をつなぐ電話の裏にある設備やシステムの規模に圧倒されました。営業チームやお客さまセンターのオペレーター、設備担当などがそれぞれ働いていて、チームワークで成り立っている仕事だということを実感しました。

吹奏楽部の活動で、日ごろから仲間との関わりを大切に思っていましたが、この職場体験は、自分も将来「人と人をつなぐ仕事がしたい」と意識するきっかけになりました。

Q この仕事を目指すなら、今、何をすればいいですか？

私が中学時代に音楽の楽しさを実感していたことが、今の仕事でのやる気につながっています。音楽が好きで、音楽業界に興味があるのなら、いろいろなジャンルの音楽を聴いたり演奏したりして、知識を増やしておいてください。今はCDだけでなく、インターネットでの配信など、音楽を聴く手段がたくさんある時代です。どんどん活用しましょう。

JASRACは法律や規定を根拠に業務を行っています。どんなことでも「根拠は何か」と考えるくせをつけておくと、音楽を法律面から支える仕事に役立つと思います。

通信用のさまざまなケーブルが通る地下のトンネル「洞道」を見学。

2008.1.29

体験前に学校で、敬語やマナーを学習した冊子。

音楽をつくる人と使う人をつなぎ創造のサイクルを支えたい

－ 今できること －

ふだんの暮らし

この仕事は作詞家や作曲家がもつ著作権を守る仕事なので、著作権に関心をもち、知識を身につけておきましょう。

著作権に関する本を読んだり、先生に質問したりして、著作物とは何かや著作権は何のためにあるのかなど、積極的に調べてみてください。

また、ジャンルを問わずさまざまな音楽を聴いたり、ミュージシャンの情報や音楽の流行について調べたりして、日本の音楽文化に対する理解を深めておくことも大切です。

 国語
音楽をつくる人や利用する人に、著作権の仕組みをわかりやすく説明し、理解してもらうことが大切です。筋道を立てて説明し、意見を伝える力を養いましょう。

 社会
公民では、著作権などの個人がもつ権利や義務について学びます。文化を守るために社会の決まりを理解し、適切な行動をとれるよう、知識を身につけましょう。

 音楽
多くの音楽関係者とやりとりをする仕事なので、トレンドの音楽やゲーム音楽、クラシック音楽など、さまざまな音楽作品にふれておくとよいでしょう。

 英語
音楽が国外で利用される際、海外の著作権団体と仕事をすることも。意思疎通のために英語が役立ちます。

ゲームサウンド
クリエーター

Video Game Sound Creator

ノイジークローク
工藤詠世さん
入社6年目 27歳

> ゲームの世界観を
> 表現する「音」を
> つくります

コントローラーを操作すると鳴る音やキャラクターの動きに合わせた効果音、シーンによって使い分けられた背景の曲など、ゲームの世界は音と深く結びついています。ゲームに流れる音のすべてをつくる、工藤詠世さんにお話をうかがいました。

Q ゲームサウンドクリエーターとはどんな仕事ですか？

私は、ゲーム会社の依頼を受けて、ゲームのなかで流れるサウンド（音）を制作しています。

ゲームでは、ほとんどの動きに何かしらの「音」がついています。キャラクターの足音や雨の音のような効果音のほか、シーンに合ったBGM（背景で流れる音楽）、キャラクターソングなどです。そのほか、タップしたり、ボタンを押したりするときにも音が鳴ります。私は、このようにゲーム内で流れるすべてのサウンドの制作にたずさわっています。

ゲームサウンドは、作品の雰囲気やイメージに合わせてつくることが大切です。デザインやキャラクターがかわいらしいゲームもあれば、主人公が戦いに出る、勇ましい内容のゲームもあるので、その作品の世界観をわかった上で、イメージに合う音楽をつくっていきます。作品のことを知るために、まず、企画書や資料をしっかり読んで、企画意図をよく理解するようにしています。

実際にサウンドをつくるときは、メロディーはもちろん、楽器もイメージに合ったものを選ぶことが大切です。例えば、ぬくもりがある音にしたいと思ったときは、自分でギターを弾いて録音したり、反対に機械的な音にしたいと思ったときは、シンセサイザーで音をつくったりします。こうして、つくったメロディーや効果音をパソコンに取りこみ、専用のソフトで音の質や大きさなどを調整して、ゲームサウンドを完成させていきます。

また、私は、子どものころからドラムを演奏してきたので、別のゲームのサウンド制作チームに頼まれて、演奏者として参加することもあるんですよ。

工藤さんがゲーム音楽や効果音を手がけた作品たち。「関わった作品すべてが、私をクリエーターとして育ててくれました」

Q どんなところがやりがいなのですか？

担当したゲームが無事に発売されたときには達成感がありますし、それをみなさんが楽しんでいるようすを見たり聞いたりすると、やりがいを感じます。そのため、担当したゲームが発売されると、SNSでゲームのタイトルを検索して、音楽についての感想がないか確認します。ゲーム情報誌にのった評価もチェックしますね。

動画投稿サイトでゲームをしながら実況をしている人も多いので、音楽についての視聴者のコメントを見ることもあります。なかには、SNSを通じて、私に直接感想を送ってくれる人もいます。「音楽がよい」とほめてくれるコメントやメッセージをもらえることは、とてもはげみになります。

サウンドの制作風景。「一生懸命つくった作品を、評価してもらえることが本当にうれしい」と工藤さん。

工藤さんのある1日

10:00	出社。メールやチャットの確認や、手がけたゲームの感想の確認
10:30	社内ミーティング
11:00	作業開始。前日に依頼人から届いた修正内容を確認し、調整する
12:00	ランチ
13:00	作業再開。午前中の続きを進める
15:00	依頼人との打ち合わせ
16:00	新しく制作する音楽の内容を確認し、作業に取りかかる
19:00	退社

Q 仕事をする上で、大事にしていることは何ですか?

ゲーム音楽には、映像とともにプレイヤーをゲームの世界にいざなう役割があると思います。そのため、作品のイメージに合った音楽はゲームにとって欠かせないものなのですが、音楽が目立ちすぎてしまうと、今度は音が気になって、プレイヤーがゲームの世界に入りこめなくなってしまいます。なので、音楽でゲームの世界を表現しつつ、プレイヤーが違和感を感じない音にすることを意識してつくっています。

また、テレビアニメがゲームになる場合、すでにその作品に対するイメージが、プレイヤー側にしっかり定着していることがほとんどなので、それをこわさないように音づくりをすることも大事にしています。

工藤さんは、幼いころからギターとドラムを演奏してきた。そのため、作曲はギターを弾いて行うことが多い。

Q なぜこの仕事を目指したのですか?

父が趣味でバンド活動をしていて、その仲間のおひとりが、後にゲーム会社のセガでサウンド制作を始められました。小さいころからドラムを演奏していた私は、そのつながりで、中学2年生でセガの[H.]というサウンドユニット※にドラマーとして参加することになったのです。私は、家ではゲームが禁止されていて、ゲーム音楽をよく知りませんでした。それに、それまで自分が行ったライブでは、観客は静かに音楽に聴き入っていました。しかし、[H.]のライブでは、演奏に合わせてゲーム映像が映し出されると、観客が盛り上がり、すごい高揚感が生まれていました。それでゲーム音楽の魅力に気づき「自分もゲーム音楽をつくる側になりたい」と思い、高校生になって本格的に作曲を始めました。

高校生のときに[H.]のライブで今の会社の社長と出会いました。大学生になって再会し、就職の相談をしたら、作曲した作品を聴いてもらうことができ入社が決まりました。

Q 今までにどんな仕事をしましたか?

ゲーム音楽の制作者としての仕事と、音楽の演奏者としての仕事の、両方を経験してきました。

歌が入る曲を作曲した場合は、歌い方や音程などを確認して指示を出す「ボーカルディレクション」の仕事もしています。私がつくった楽曲に合わせて、作詞家の方に歌詞を書いてもらい、歌手に歌ってもらうのですが、音楽のイメージを、声でどのように表現してほしいのかを言葉にして伝えるのは難しく、毎回頭を悩ませています。でも、歌手の方にイメージを伝えて歌ってもらうたびに、曲の印象がどんどん変わっていくので、その過程はとても感動的です。

これまでたずさわったなかで、とくに印象に残っているのは『ドラゴンボール Z KAKAROT』というゲームです。この作品で初めて、自分が中心となり制作を担当しました。リーダーとして、自分のイメージを反映させて音楽をつくった作品なので、思い入れも強いですね。

また、今の会社に就職してからも、社内のクリエーターどうしで組んだバンドでドラムを担当し、ライブやイベントで自分たちがつくったゲーム音楽を演奏しています。

・ギター・　　・ドラムスティック・　　・ヘッドホン・

PICKUP ITEM

音楽制作に欠かせないギターとドラムスティック。2018年に購入したギターは、当時日本に1本しかなかった貴重なもの。ピンクが好きでお気に入りの1本。ヘッドホンは、工藤さんが好きなアーティストのチャーリー・プースと同じものを使用。

用語　※ サウンドユニット ⇒ 何名かのミュージシャンが集まって結成された、音楽グループのこと。

Q 仕事をする上で、難しいと感じる部分はどこですか？

ときには、依頼人が求める音になかなかたどり着けず、何度も録音し直すことがあります。そんなとき、この仕事の難しさを感じますね。例えば、「もっとかわいらしい音に」や「かっこよさがほしい」などの意見があった場合、相手の言うかわいらしさの意味や、どんなかっこよさをイメージしているのかを読み取らなければなりません。相手のもつイメージを、音でどのように表現すればよいかを考えるのは、難しいですが、そこがおもしろさでもあります。

音が思い浮かばないときは、社内の仲間に相談してみることも多いです。人によって、物事の感じ方はちがうので、自分が「かわいい」と思って修正した音を、ほかの人が聴いてもかわいいと感じるのかなど、意見を聞いて参考にします。

OKが出て、依頼人の希望に応えることができたと感じたときは、気持ちがよいですね。

音の感じ方は、人によってちがうこともあるので、仕事に行き詰まったときは、仲間に積極的に相談する。

Q ふだんの生活で気をつけていることはありますか？

自分のなかに情報を取りこむ時間をつくることです。ゲームには、出会いや旅立ちのシーン、決闘のシーンなど、いろいろな場面があります。なので、休みの日には、音楽や映画などのエンターテイメントにふれて、参考にしています。

例えば、映画では音を意識して聴きます。そして、感動した場面があったら、「なぜ感動したのか」を考え、「この音の効果でドキドキ感が伝わった」「あの場面の音楽は、これから悪いことが起こるとを伝えていた」など、作品に流れる音楽で感じたことを、自分のなかで消化して、制作の参考にするんです。表現するばかりでは、自分の引き出しが増やせないので、しっかりと情報を取りこむことも心がけています。

Q これからどんな仕事をしていきたいですか？

ゲームをプレイした人の、記憶に残るような音楽をつくりたいです。

音の記憶は、深くきざまれます。時が経って、もう一度同じ音楽を耳にしたとき、一瞬でそのときの感覚がよみがえり、当時の景色が思い浮かぶというのは、よくあることだと思います。例えば、小学生のころに友だちの家でよく遊んでいたゲームの音楽が、テレビから流れてきたら、当時を思い出して、またそのゲームで遊びたくなってしまう……というような経験です。私もそんな影響力のある音楽をつくっていきたいですね。

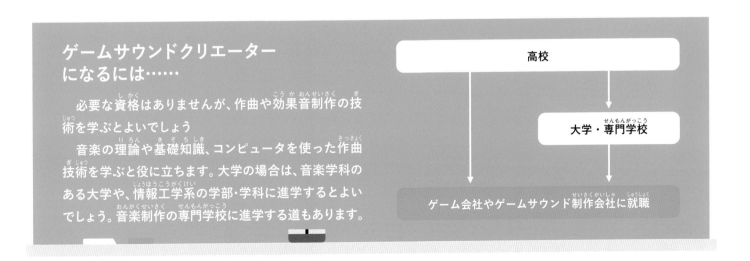

ゲームサウンドクリエーターになるには……

必要な資格はありませんが、作曲や効果音制作の技術を学ぶとよいでしょう

音楽の理論や基礎知識、コンピュータを使った作曲技術を学ぶと役に立ちます。大学の場合は、音楽学科のある大学や、情報工学系の学部・学科に進学するとよいでしょう。音楽制作の専門学校に進学する道もあります。

高校 → 大学・専門学校 → ゲーム会社やゲームサウンド制作会社に就職

Q この仕事をするには どんな力が必要ですか?

仕事をする上での原動力になるので、何事にも好奇心をもつことが必要だと思います。

ゲームにも音楽にも、さまざまなタイプのものがありますが、この仕事では、そのすべてに向き合わなければなりません。

ときには、依頼人から、自分があまり聴いてきていないタイプの音楽をベースに、ゲーム音楽をつくってほしいと依頼されることもあります。そんなときは「自分の苦手な分野だな」と思って作曲するのではなく、「せっかくの機会だから、今まで聴いていない音楽をいろいろ聴いてみよう」と前向きに新しい世界観との出合いを楽しんでいます。

また、さまざまな楽器にも興味をもって、「こんなふうに演奏すると、こんな音が出せる」などと、特性を知っておくと、制作のヒントになりますよ。

工藤さんの夢ルート

小学校 ▶ プロのドラマー

小さいころから父のバンドの練習についていき、ドラムをたたいていたので自然とドラマーを目指していた。

▼

中学校 ▶ プロのドラマー

セガ社のサウンドユニット[H.]に所属。一層プロのドラマーとして生きていこうと思った。

▼

高校 ▶ プロのドラマー

ユニットでのライブ活動をするうちに、音楽をつくる側にも興味がわいてきた。

▼

大学 ▶ ゲームサウンドクリエーター

ユニット活動は続けつつ、ゲーム音楽をつくる会社への就職を考えていた。

Q 中学生のとき、 どんな子どもでしたか?

両親が趣味で楽器を演奏していたので、自分も子どものころからドラムをたたいて遊んでいました。自然とプロのドラマーを目指すようになり、中学校から帰ると毎日ドラムの練習をしていました。その後、プロのドラマーに習い始めたのですが、基礎ができていないことがわかり、打ちのめされる気持ちでした。このころはつらい思いもしましたが、私にとっては重要な期間でしたね。中学2年生のときから、セガのサウンドユニットに参加しました。それ以前から弟とのユニットなどがメディアでも取り上げられていたので、ちょっとした人気者になりました。

学校では、合唱祭で3年間指揮者をして、毎年指揮者賞をもらいました。この経験をしたことで、曲全体を大きくとらえる力が身につき、今の仕事に活きているように思います。

勉強は、家ではあまりしませんでしたが、1年生のときから塾に通って授業もまじめに受けていたので、成績はよい方だったと思います。とくに英語が好きで、洋画の字幕版DVDを借りて観ていました。すべてを聞き取ることはできなくても、日本語にはない英語のひびきがとても新鮮で、気に入っていました。

中学時代、ドラムをたたく工藤さん。右の青いドラムをたたいているのは弟の工藤世丞さん。現在も兄弟でユニットを組んで活動している。

工藤さん愛用のスネアドラム。子どものころから使っている。

合唱祭で指揮をしたときは、先生や先輩が、効果的な指揮の仕方を教えてくれた。

Q 中学のときの職場体験は、どこに行きましたか？

2年生のときに、学校の近くにある地元のスーパーへ行きました。仲のよい友だちと3人いっしょに行ける場所で、仕事内容のイメージがつきやすかったからです。1週間バスで通って、商品を出して並べる品出しの作業をしました。

体験した内容はパワーポイント※でまとめて、クラスで発表会をしたことを覚えています。

Q 職場体験ではどんな印象をもちましたか？

ふだん、何気なく見ている商品がどのような流れでお客さんの前に並ぶのか、職場体験を通じて知ることができました。安心で安全な食品を流通させるために多くの人が関わっていることに感動しました。また、実際に働く体験をしてわかったのは、商品を提供する側は非常に細かい気づかいをしているということです。清潔感が欠けていたらお客さんははなれるのだという危機意識が徹底されていました。

スーパーでの体験は、プレイヤーにゲームの世界にひたってもらうため、細かいところまで気づかいを忘れずに音を制作するという、今の仕事に必要とされる意識にもつながっているように思います。

Q この仕事を目指すなら、今、何をすればいいですか？

視野を広げることはしておいた方がいいと思います。私は各業界の第一人者の発言や行動、考え方を知るのが好きで、これまで、それを参考に自分のとるべき行動を考えてきました。進路の選択に迷ったときなどに、よりどころとなるので、本を読んだりネットで情報を調べたりして視野を広げ、新しい価値観を受け入れられるようにしてほしいです。

またゲーム音楽の制作では、つねにゲーム全体の世界観にあっているかを考える必要があります。指揮者の経験を通じて「全体を見る」ことを少しは身につけられたと感じるので、機会があれば挑戦してみてください。

人の記憶に残るようなゲーム音楽をつくっていきたい

－ 今できること －

ふだんの暮らし

ゲームのほか、多様なジャンルの音楽にふれてみましょう。そして、「かっこいい」「かわいい」など、それぞれの音楽を聴いてどのような雰囲気を感じるか、何によってそう感じるのかを考える習慣を身につけるとよいでしょう。吹奏楽部などに所属して、さまざまな楽器にふれてみることもおすすめです。

また、ゲームサウンドの制作は、チームで取り組むことも多いです。生徒会の役員や学級委員をつとめ、学校やクラスをまとめることに挑戦してみるのもよいでしょう。

国語
依頼された要望をくみ取るために、話し合いで相手の意見をよく聞き、考えをまとめる力をのばしましょう。読書をして、語彙力や想像力を育みましょう。

社会
さまざまなジャンルのゲームの雰囲気を音楽で表現できるように、日本や世界の文化を学んで、知識のはばを広げておきましょう。

音楽
楽器の特徴や基礎的な奏法を学んで、ゲームの設定に合った音を表現できるようにしましょう。また、実際に音楽をつくってみるのもよいでしょう。

技術
おもにパソコンで作業をする仕事です。簡単なプログラムのつくり方を身につけておきましょう。

用語　※ パワーポイント ⇒発表をするときなどに見せるデジタルの資料がつくれるソフトウェア。図や写真を配置したスライドを作成することができる。

仕事のつながりがわかる
音楽の仕事 関連マップ

ここまで紹介した音楽の仕事が、それぞれどう関連しているのか、見てみましょう。

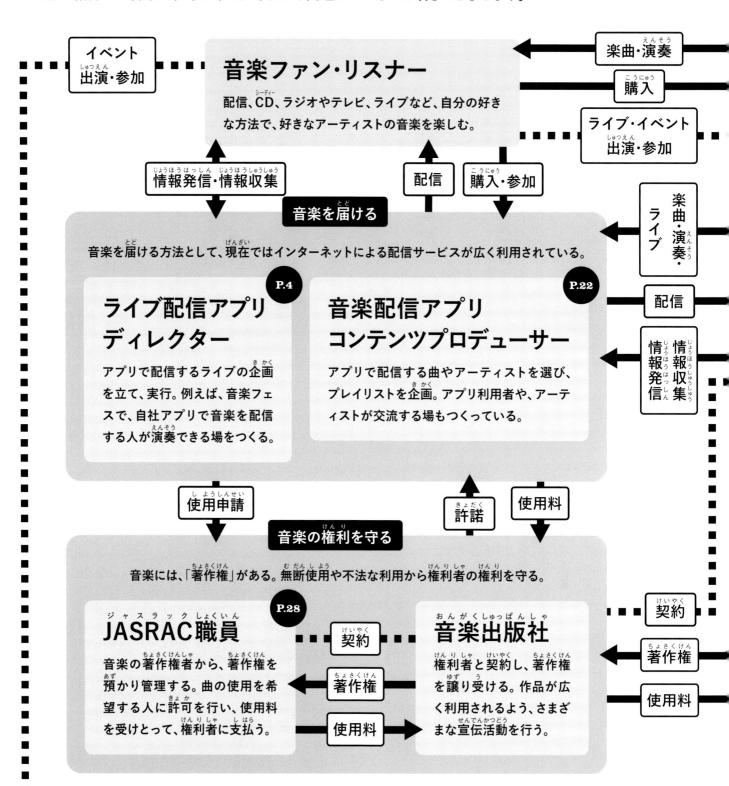

イベント 出演・参加

楽曲・演奏

購入

ライブ・イベント 出演・参加

音楽ファン・リスナー
配信、CD、ラジオやテレビ、ライブなど、自分の好きな方法で、好きなアーティストの音楽を楽しむ。

情報発信・情報収集

配信

購入・参加

楽曲・演奏・ライブ

音楽を届ける

音楽を届ける方法として、現在ではインターネットによる配信サービスが広く利用されている。

配信

P.4
ライブ配信アプリ ディレクター
アプリで配信するライブの企画を立て、実行。例えば、音楽フェスで、自社アプリで音楽を配信する人が演奏できる場をつくる。

P.22
音楽配信アプリ コンテンツプロデューサー
アプリで配信する曲やアーティストを選び、プレイリストを企画。アプリ利用者や、アーティストが交流する場もつくっている。

情報収集・情報発信

使用申請

許諾

使用料

音楽の権利を守る

音楽には、「著作権」がある。無断使用や不法な利用から権利者の権利を守る。

契約

P.28
JASRAC職員
音楽の著作権者から、著作権を預かり管理する。曲の使用を希望する人に許可を行い、使用料を受けとって、権利者に支払う。

契約

著作権

使用料

音楽出版社
権利者と契約し、著作権を譲り受ける。作品が広く利用されるよう、さまざまな宣伝活動を行う。

著作権

使用料

つくる・演奏する

曲づくりからアレンジ、演奏、演奏の録音によって音源(原盤)として完成させるまでには、いくつもの仕事がある。そのほとんどをひとりで行う分野もある。

フリースタイルピアニスト P.16

音楽のジャンルや制約をこえ、自由にピアノを演奏。作曲なども行う。アルバム制作やライブ演奏、動画投稿などで曲を届ける。

協力・共演

共同作業

ミュージシャン

個人またはグループで、歌唱、楽器を使い、自分たちの音楽を表現、演奏する。作詞・作曲・アレンジを自ら手がけることもある。

契約　**共同作業**　**楽曲**　**依頼**　**楽曲**　**依頼**　**共同作業**

レコーディングエンジニア マスタリングエンジニア

レコーディングの際、音のバランスなどを調整して音づくりをする技術者と、音源が配信、CDなど、さまざまなメディアで再生されても、心地よく聴けるよう音の調整をする技術者。

作曲家・作詞家・アレンジャー

演奏する曲や映画などで使われる曲をつくる。作曲家がメロディー、作詞家が歌詞を作成。アレンジャーがイントロや間奏をつけ、演奏するためのかたちに完成させる。

契約

依頼

レコード会社

CDや配信などに使われる、音源(原盤)を制作し、CDなどを販売。企画を立てて、ミュージシャンと録音に関する契約を結ぶ。作曲家やエンジニアへの依頼などレコーディングの準備や管理、契約によっては、収録曲の著作権の管理を行うこともある。

歌声合成ソフトウェア プロデューサー

曲をつくり、キャラクター・ボーカル・シリーズなどの歌声合成ソフトで歌を入れた作品を制作。おもに動画で発表する。

歌声合成ソフト販売・購入

歌声合成ソフトウェア 関連商品管理 P.10

歌声合成ソフトを開発・販売する会社のなかで、ソフトから生まれたキャラクターの使用権を管理。世界観にあったグッズ製作を監修し、イベントの企画なども行う。

ゲームサウンド クリエーター P.34

ゲームの効果音やテーマ曲、BGMなどのゲーム音楽を制作。作曲やアレンジ・演奏、マスタリングまで、すべてを行うことが多い。

依頼

ゲーム音楽

ゲーム制作会社

音楽は個人がもっとかがやく時代に

▶ CDからストリーミングへ

かつて音楽を聴くといえば、CDを買ったりレンタルしたりという方法が一般的でした。しかし、インターネットの発達とともに音楽の聴き方は変化しました。曲ごとやアルバムごとに音楽データを購入して、ダウンロード方式で音楽を聴く人が増え、現在はSpotifyやYouTube Music、AWAやAppleMusicなどの「ストリーミング」で聴くことが主流になっています。本シリーズの26巻「エンタメの仕事」のなかでも少しふれましたが、ストリーミングの音楽サービスは「月額○○円で聴き放題」という契約のサブスクリプション方式が中心です。

一般社団法人日本レコード協会の調査によると、国内のCDの売り上げは1998年がピークで、年間6000億円ほどありました。その後しだいにCDの売り上げは減り、2019年には1500億円ほどになっています。CDショップやレンタルCD店の数も、ピーク時の3分の1ほどに減少しました

が、音楽を聴く人が減ったわけではなく、ストリーミングの売り上げは毎年のびています。むしろ、新型コロナウイルスの感染拡大で「おうち時間」が増えたことで、自宅のパソコンやスマホで音楽を聴く人は増えたのではないでしょうか。

▶ 個人の力でスターになれる

音楽の聴き方が変化したことは、アーティストに大きな影響をあたえました。以前はアーティストは、ライブハウスや路上などでライブをするか、またはオーディションを受けたりデモテープをレコード会社に送ったりして、レコード会社との契約を目指していました。でも今は、自らの音楽をYouTubeやTikTokに投稿することで、スターになるきっかけがつかめます。レコード会社もまた、ネットで発信される音楽のなかから新たなスターを探しています。

この本に出てくる、ストリートピアノを弾く動画で有名になったけいちゃんは、「YouTuberになろうと思っていたわ

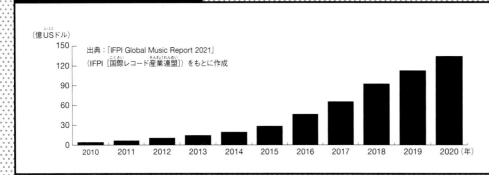

世界のストリーミング音楽市場

（億USドル）
出典：「IFPI Global Music Report 2021」
（IFPI［国際レコード産業連盟］）をもとに作成

150
120
90
60
30

2010 2011 2012 2013 2014 2015 2016 2017 2018 2019 2020 (年)

イギリスを拠点とするIFPI（国際レコード産業連盟）の調査によると、2020年の世界のストリーミング売り上げは、前年に比べて20％近く増加の134億ドルとなり、音楽売り上げ全体の60％以上を占めた。左のグラフを見ると、とくにこの5年ほどで急激に売り上げをのばしていることがわかる。

2020年12月、ライブハウスで行われた無観客ライブの生配信のようす。新型コロナウイルスの感染拡大を受けて、さまざまな音楽イベントが規模を縮小したり、配信のみで実施したりした。そのような困難な状況のなかで、音楽を人々に届けるため、世界中のアーティストが新しい挑戦をした。

写真提供：朝日新聞社

けではないのですが、YouTubeはアーティストとして世の中に知ってもらうための有効な手段だと思っています」と語っています。

また、録画した動画を投稿するだけでなく、この本に出てくる「17LIVE」のように、簡単にライブ映像を配信できるアプリも次々と生まれています。だれもが簡単に自分の音楽を世界に発信することができ、アプリなどのサービスを通じて、レコード会社を介さずにお金をもらうことができる時代になったのです。このように、時代に合わせて音楽は聴き方だけでなく、提供の仕方までも変化しています。

▶ 多様化する音楽の仕事

音楽の聴き方・提供の仕方が変わると、それを取り巻く音楽の仕事もどんどん変化し、多様化していきます。自らのライブ配信で世界中から注目を集める人が生まれるなんて、ちょっと前までは考えられないことでした。音楽ビジネスは、世の中のあり方に大きな影響を受けます。音楽を仕事にするには、社会のあり方に改めて注目する必要があるのです。

例えば、新型コロナウイルス感染拡大防止のための自粛により、大勢の人が集まる音楽ライブは大きなダメージを受けました。そのかわりとして、チケットを購入した人が自宅で観賞できる「配信ライブ」が数多く開催されました。チケットの入手が困難な人気アーティストのライブを確実に見られる、地方に住んでいても交通費や宿泊費をかけずにライブに参加できる、というメリットもあり、今後も定着していくライブのかたちだと考えられます。

また、インターネットの発展によって、世界中どこからでも好みの音楽にアクセスできるようになったことで、1970〜80年代に日本で流行した音楽が海外で注目され、日本に逆輸入されて話題になるといった現象も起きています。

こうした新しい動きのなかから、新しい仕事も生まれてきます。世の中を見通して未来を予測することが、変わりゆく音楽業界で活躍するヒントになるのです。

PROFILE
玉置 崇

岐阜聖徳学園大学教育学部教授。
愛知県小牧市の小学校を皮切りに、愛知教育大学附属名古屋中学校や小牧市立小牧中学校管理職、愛知県教育委員会海部教育事務所所長、小牧中学校校長などを経て、2015年4月から現職。数学の授業名人として知られる一方、ICT活用の分野でも手腕を発揮し、小牧市の情報環境を整備するとともに、教育システムの開発にも関わる。
文部科学省「校務におけるICT活用促進事業」事業検討委員会座長をつとめる。

さくいん

【取材協力】

17LIVE 株式会社　https://jp.17.live/
クリプトン・フューチャー・メディア株式会社　https://www.crypton.co.jp/
けいちゃん　https://keichanpiano.com/
ＡＷＡ株式会社　https://awa.fm/
一般社団法人日本音楽著作権協会　https://www.jasrac.or.jp/
株式会社ノイジークローク　https://www.noisycroak.co.jp/

【写真協力】

17LIVE 株式会社　p7
けいちゃん　p18

【解説】

玉置 崇（岐阜聖徳学園大学教育学部教授）　p42-43

【装丁・本文デザイン】

アートディレクション／尾原史和（BOOTLEG）
デザイン／石井恵里菜・加藤 玲（BOOTLEG）

【撮影】

平井伸造

【執筆】

小川こころ　p4-9、p10-15
山本美佳　p16-21、p22-27、p28-33、p34-39
安部優薫　p42-43

【企画・編集】

西塔香絵・渡部のり子・佐藤美由紀（小峰書店）
常松心平・一柳麻衣子・中根会美・飯沼基子・酒井かおる（オフィス303）、安部優薫

キャリア教育に活きる！

仕事ファイル35
音楽の仕事

2022年4月9日　第1刷発行
2023年5月30日　第2刷発行

編　著　小峰書店編集部
発行者　小峰広一郎
発行所　株式会社小峰書店
　　　　〒162-0066 東京都新宿区市谷台町4-15
　　　　TEL 03-3357-3521　FAX 03-3357-1027
　　　　https://www.komineshoten.co.jp/
印　刷　株式会社精興社
製　本　株式会社松岳社

©Komineshoten
2022　Printed in Japan
NDC 366　44p　29×23cm
ISBN978-4-338-35103-4

センパイに聞く

キャリア教育に活きる！

仕事ファイル